民 政 管 理 专 业 系 列 教 材

社区工作实务

SHEQU GONGZUO SHIWU

主 编／哈 曼

参 编／姜 华　陈 曦　叶新强　倪科科　韩纪江

京师职教　JingShi Vocational Education

zjfs.bnup.com | www.bnupg.com

北京师范大学出版集团
BEIJING NORMAL UNIVERSITY PUBLISHING GROUP
北京师范大学出版社

图书在版编目(CIP)数据

社区工作实务/哈曼主编. —北京:北京师范大学出版社,
2017.7(2023.7 重印)
　ISBN 978-7-303-20257-7

　Ⅰ. ①社… Ⅱ. ①哈… Ⅲ. ①社区—工作—中国—职业
教育—教材 Ⅳ. ①D669.3

中国版本图书馆 CIP 数据核字(2016)第 072097 号

教材意见反馈　gaozhifk@bnupg.com　010-58805079
营销中心电话　　010-58802755　58800035

出版发行:北京师范大学出版社　http://www.bnupg.com
　　　　　北京市西城区新街口外大街 12-3 号
　　　　　邮政编码:100088
印　　刷:三河市兴达印务有限公司
经　　销:全国新华书店
开　　本:787 mm×1092 mm　1/16
印　　张:10.25
字　　数:260 千字
版　　次:2017 年 7 月第 1 版
印　　次:2023 年 7 月第 5 次印刷
定　　价:25.00 元

策划编辑:易　新　　　　责任编辑:易　新
美术编辑:高　霞　　　　装帧设计:高　霞
责任校对:陈　民　　　　责任印制:马　洁

总　序

　　民政部门是在党中央、国务院和地方各级党委、政府领导下，紧紧围绕保障和改善民生、加强和创新社会管理推进各项工作，并积极履行保障基本民生、创新社会管理、促进国防建设、强化社会服务等方面的基本职能，服务了党和国家工作大局，促进了经济平稳较快发展和社会和谐稳定，充分发挥了民政系统在社会建设中的骨干作用。

　　"行业发展、教育先行"，大力培养民政管理专业人才，不仅可以为民政行业提供专业化人才，而且能够促进民政行业的职业化规范化建设。教材是知识传承和积累的载体，是保障教学的基础，优秀的教材更是提高教学质量、培养优秀人才的根本。因此，在民政行业指导委员会的大力支持下，在北京师范大学出版社的积极推动下，由全国民政职业教育教学指导委员会联合全国开设民政管理专业的优秀的职业学校、研究机构联合编写的民政管理专业系列教材，并向全国职业院校和相关机构推荐使用。系列教材的出版将会在推动民政管理专业建设、人才培养、社会服务等方面起到推动和促进作用。

　　本次编写的民政管理专业系列教材是"十二五"职业教育国家规划立项送审教材，旨在以教材鼓励各主编学校结合各自办学特色及优势学科，整合各参编单位教学经验，博采众长，在稳定教学内容的基础上，做到优势突出，特色鲜明。主编单位发挥牵头作用，参编单位积极出谋划策，分享教学经验和成果，共同提高中国职业教育的教学水平。在内容选取上，本系列教材立足民政管理岗位需求，内容涵盖民政管理岗位人才需要掌握的核心技能，包括民政概论、社会工作方法与技巧、个案工作与小组工作、社区工作实务、民政公文写作、社会保障基础、社会福利管理与服务、社会调查方法与统计、沟通技巧、社会心理学基础10个方面的内容。

　　"十年树木，百年树人"，人才队伍建设非一朝一夕可实现。在此，我要感谢参与编写本系列教材的所有人员和出版社，是你们的全心投入和努力，让我们看到这样一系列优秀教材的出版。我要感谢各院校以及扎根于一线民政管理人才教育的广大教师，是你们的默默奉献，为民政行业输送了大量的高素质人才。我相信，在教育机构和行业的共同努力下，我国的民政人才必定会数量充足且质量优秀，进而推动民政事业走上规范化、专业化、职业化、可持续发展的健康道路。

前　言

社区工作是当前比较时髦的名词，但是社区工作到底是什么？目前并没有一个定论。这个看似是一个定论的问题，在我们操作和研究过程中却发现没有定论。为什么？原因很简单，就是理论界和实务界在看待实务和社区时的视角是有差异的。

对实务界而言，我们常常把社区界定为行政区划和管理的界限，因此我们经常用社区居民委员会的管辖范围来代称"社区"。理论界对社区的界定恰恰是一个标准的学术概念，即"共同体"的概念，是指具有一定相同信仰，生活方式的共同生活的人群。因此，我们经常在讨论社区工作实务的时候，往往会出现概念上的不清晰。

社区是我党进行社会建设、社会治理中的重要载体和基层单位。未来，社区将承担更重要的事务，发挥更大的作用。在这个过程中，进一步理清社区工作实务的概念，具有现实意义。

本书以习近平新时代中国特色社会主义思想为指导，深入贯彻党的二十大报告精神，落实立德树人根本任务，体现了职业教育类型教育的特色。

本书共有八个项目，包括认识社区，社区工作理论模式，青少年社区服务，老年人社区服务，社区社会组织培育，社区流动人口与计划生育管理与服务等。每个项目包括案例，任务分解，推荐阅读等内容，既有理论也有实务操作。

本书由王晓玫、哈曼负责统稿、审稿，参编人员分工如下：

项目一：五、七、八：哈　曼；

项目二：姜　华；

项目三：陈　曦；

项目四：倪科科、韩纪江；

项目六：叶新强。

北京社会管理职业学院社会工作系的蒙维维、马金彩、肖亚男，李瑞峰等同学也参与了本书的材料收集等工作，在这里一并感谢。

《社区工作实务》可以作为职业学校相关专业学生的专业教材，也可作为民政培训教材，还可以是社区工作者提升能力的读物。

作者在编撰的过程中，参阅了大量资料，吸收了众多成果，在此一并感谢。

本书对社区工作实务进行了探索，其中有不少值得商榷的地方，期望广大读者批评指正。

编者

目 录

项目一　认识社区

内容导航

　　我们每一个人的生活都离不开社区。如果说家庭是社会的细胞，那么社会的构成基础之一则是社区。社区是社会工作专业或者说是社会工作服务开展的重要领域和场域。在社会工作百余年的专业、职业发展过程中，社区已经成为非常重要的领域和场域。可以说，我们今天很多社会服务的开展都是在社区中完成的。社区居民委员会的管理与服务的开展、实施，面向社区居民开展的各类各项便民服务，针对社区中特殊群体的专门服务等，都离不开社区这个载体。作为社会工作者，必须了解和把握社区的概念，并且能够区分专业领域中的"社区"概念与我们日常看到以及理解的"社区"概念之间的差异，这样才能保证在自己的工作范围内有效开展专业性的社区工作与社区服务。

任务一
寻找社区的内涵

学习目标

知识目标：1. 掌握社区的社会学含义。
2. 掌握社区的地域以及行政管理的含义。
3. 掌握社区需求分析的概念。

能力目标：能够将社区需求分析运用于进入社区的首次观察与实地了解，充分把握社区的实际需求。

工作任务描述

1. 金汤社区位于鼓楼区(福州市)最繁华的五四路东侧，社区总面积 0.28 平方公里，南起东大路，北至五四河，西临温泉路，共有居民 1907 户，3958 人。由原先的温泉、金汤两个居委会和部分的澳桥、汤门居委会整合而成，2001 年 12 月 25 日成立金汤社区居委会。整合后有主任兼书记 1 人、副主任 4 人、委员 2 人、劳动站工作人员 2 人。金汤社区自成立以来，在街道党工委的领导下，坚持政府指导和社区共同参与相结合，广泛发动辖区单位、干部群众，携手并肩、齐抓共管、资源共享，大力开展以社区党建、社区经济、社区文化、社区服务为主要内容的两个文明建设，努力挖掘社区资源，建立资源共享、共驻共建、管理有序、服务完善、环境优美、治安良好、生活便利、人际关系和谐的新型社区。

金汤社区设有 4 个机构：金汤社区委员会、金汤社区居委会、社区代表大会、社区事务监督小组。社区现有新村楼院 55 座，商务写字楼 6 座，主要省市机关企事业单位包括省人大、省政协、省医学研究所、省外贸中心集团、省外贸中心酒店、省建工集团、市第七建筑等 9 家，公共娱乐场所 25 家，私房出租户 68 家。另配备有幼儿园 1 所、青少年活动中心 1 所、社区卫生服务站、老人活动中心、商店、银行、社区医疗网点等配套设施，为居民的文化娱乐、衣食主行等提供了方便快捷的服务。

2. 2004 年 7 月通过对中国网络社区用户的调查，66.6%的青少年认为网络社区中有各种自己感兴趣的资讯；61.7%的青少年认为社区提供了一个方便表达个人观点的场所；57.6%的青少年认为在社区内可以找到兴趣相投的网友；53.8%的青少年认为能在社区里结交各种朋友；48.9%的青少年认为用户原创文章、图片更多；38.8%的青少年认为从用户的角度切身体验的资讯更强；34.1%的青少年认为社区能提供精神上的支持；32.6%的青少年认为某一单项专题资讯更全；9.6%的青少年认为没有特殊感觉；认为是其他的有0.5%。网络极大地丰富了青少年的学习资源，提供了便捷的学习途径，激发了他们的学习主动性。网络学习具有便捷性，能最大限度地满足青少年多样性的学习需求。网络学习具有互动性，为身处不同地域的青少年提供了一个通畅交流的虚拟课堂，并且网络学习具有实时性，信息准确，反馈及时，能将信息失真的程度控制在最低限度。网络学习具有针对性，可基于学生的自学能力、自控能力和学习程度，让学生拥有更大的弹性及空间来选择学习材料和学习方式，最大程度发挥多媒体教学的综合优势。

问题思考：

1. 工作任务描述1和工作任务描述2中都提及了"社区"，这两处的"社区"内涵相同吗？如果相同，那么相同点是什么？如果不同，那么不同点是什么？

2. 实际操作中，我们该如何根据实际需要把握"社区"的概念呢？

工作任务分解与实施

一、社区的概念与构成要素

(一)"社区"概念的来源

"社区"这个概念由德国社会学家滕尼斯提出，后经英文转译才有了中文"社区"这个名词以及我们现在对其的理解。实质上，无论是从社会学，还是从社会工作专业的角度看，"社区"的概念以及内涵，与最初滕尼斯的理论认识几乎是一致的。

滕尼斯认为，"社区"即"礼俗社会"，是通过血缘、邻里和朋友关系建立起的人群组合，它的基础是"本质意志"。本质意志表现为意向、习惯、回忆，它与生命过程密不可分。在这里，手段和目的是统一的，依靠本质意志建立的人群组合即"社区"是有机的整体。"社会"即"法理社会"，是靠人的理性权衡，即"选择意志"建立起的人群组合，是通过权力、法律、制度的观念组织起来的。在这里，尽管人们通过契约、规章发生各种联系，但手段与目的在本质上是相互分离的，因而"社会"是一种机械的合成体。滕尼斯认为，从中世纪向现代的整个文化发展就是从"社区"向"社会"的进化。

中文"社区"一词是中国社会学者在20世纪30年代从英文"community"翻译而来，因与区域相联系，所以社区有了地域的含义，意在强调这种社会群体生活是建立在一定地理区域之内的。这一术语一直沿用至今。社区为生活在同一地理区域内、具有共同意识和共同利益的社会群体。

实际工作中，我们经常把居民委员会的管辖地理范围也称为社区。这里的社区主要是一个行政管理范畴下的社区概念，而非理论意义范畴内的社区概念。关于这点的理解可以根据《中共中央办公厅国务院办公厅关于转发〈民政部关于在全国推进城市社区建设的意见〉》的通知(中办发〔2000〕23号)，其中明确指出：社区是指聚居在一定地域范围内的人们所组成的社会生活共同体。目前城市社区的范围,一般是指经过社区体制改革后做了规模调整的居民委员会辖区。

(二)"社区"的构成要素

社区作为一个社会实体,由以下一些基本要素构成。

1. 以一定的社会关系为基础组织起来共同生活的人群。人群是社区的主体,也是构成社区的第一要素。

2. 人们赖以从事社会活动的、具有一定界限的地域。地域是人们进行社会活动的场所和依托,是社区存在和发展的前提,是构成社区的重要条件。

3. 相对完备的生活服务设施。基本的生活服务设施不仅是社区人群生存的基本条件,也是联系社区人群的纽带。

4. 共同的社会生活。共同的社会活动即共同的社区生活,是社区的本质特征。

5. 较为规范的生活制度及较为完整的管理机构。完善的生活制度和管理机构是维持社区秩序的基本保障,是构成"大集体"的必要条件。

6. 独特的社区文化。社区文化是一个社区得以存在和发展的内在要素,是人们在社区这个特定的区域性生活共同体中长期从事物质生产和精神生活得到的结果。

二、社区的主要功能

这里提到的社区主要功能是社会功能和经济功能。其社会功能主要体现在五个基本方面。

一是自治功能。主要体现在社区组织和社区成员通过自我教育、自我管理、自我服务、自我约束,加强对社区公共事务和公益事业的管理和服务。

二是整合功能。主要体现在通过对社会利益的调整和社区资源的整合,满足社区成员的物质和精神需要,融洽社区和谐的人际关系,增强社区居民对社区的信任感和归属感。

三是服务功能。主要体现在为社区居民各方面的生活需求提供服务和资源,包括生活服务、医疗服务、教育服务、咨询服务等。

四是保障功能,也称稳定功能。主要体现在通过挖掘社区资源和实行社会互助,协助政府承担社会保障的具体事务。

五是监督功能。主要体现在社区居民对社区自身日常工作的监督和对政府部门及其下属机构的监督,监督的目的是为了增强社区组织及其工作人员的自我约束力,促进政府部门工作的务实、规范、廉洁、高效,更好地为社区居民服务。

社区的经济功能主要表现在两个方面:一是社区组织通过各种方式直接参与到本社区的经济活动当中,推动着本社区的经济发展;二是社区通过充分发挥其政治功能、服务功能、社会保障功能和社区文化功能,为社区经济的发展提供一个良好的外部环境,间接地对本地区经济的发展起到推动作用。理论和实践都表明,人类的发展与经济水平的提高息息相关。社区环境的改善、社区服务的优化、社区教育的普及、社区生活质量和文明程度的提高以及文明社区的创建等活动都离不开社区经济的发展,都必须有相应的经济基础和财政实力。社区经济作为一种优化的资源配置方式,可将社区内互不相连的各种经济成分变为利益共同体，建立一种新的经济生产方式，从而带动社区乃至更广区域的经济发展。只有社区经济的发展，才有真正意义上的社区发展。

　　探讨社区经济功能要远比社区的社会功能复杂。首先，社区经济是指在特定的区域范围内，以社区居民为服务主体和组织主体的主要来源，调动社区内外一切可用资源，以灵活多样的运行机制来配置资源，以社区居民福利最大化为目标，可进行成本与效益核算的一切活动。其次，社区经济是城市经济和地区经济的重要组成部分，对城市和地区经济的发展有导向作用、拉动作用。社区经济是以服务业为主的经济，可以吸纳大量人口就业，是社会安定的重要保证，是提高居民生活质量的重要途径。社区经济有稳定性、递升性的特点，因为居民的生活需求是长期的，并且随着社会经济和文化的发展而稳步提高。社区经济的社会效益是广泛而又巨大的，文化方面的服务可以促进市民文化生活的改善和基本素质的提升。

三、社区需求分析

　　社区需求分析较为常用的方法是布雷德绍（J. Bradshaw）1972 年提出的四种需求类型。

　　1.感觉性需求。指社区居民服务或服务对象感受到或意识到的，并用言语表达出来的需求。

　　2.表达性需求。指社区居民服务或服务对象把自身的感觉通过行动表达出来的需求，如申请服务、排队等候服务等。

　　3.规范性需求。指由专家学者、专业人士、政府行政官员评估决定的需求。

　　4.比较性需求。指社区居民或服务对象将所得到的服务与其他类似社区进行比较，认为有差别的需求。

　　在分析社区需求时，社会工作者可以将四种需求与专业介入层面相结合，通过填写下面的表格综合分析社区需求。

社区需求分析表

社区需求介入层面	感觉性需求	表达性需求	比较性需求	规范性需求
个人				
家庭				
小组				
社区				
社会				

社区需求评估表

需求的类型				评　　估
规范性	感受性	表达性	比较性	
1				
有	有	有	有	各方面显示都有需要，并且无争议。这类需要尽快满足，如改善社区治安。
2				
有	有	无	有	需要没有表达出来，很可能是由于缺乏足够途径让服务对象获取相关服务，如流动人口的权利。
3				
有	有	无	无	这种情况很可能显示服务严重不足，如社区青少年的教育。
4				
无	有	有	有	服务对象觉得有需要，但有关专家、政府行政人员却不觉得是必要的，如老年人理发。
5				
有	有	有	无	各方面都有需要，但却没有服务提供，这种情况是开展创新服务的最佳时机，如家庭暴力受虐者庇护所。
6				
有	无	无	有	专家和行政人员认为有需要，而且有服务的提供，但服务对象却没有感受到有需要或提出要求，这种情况服务提供时最困难的，如社区精神文明建设。
7				
有	无	无	无	通常开展的是防患于未然的预防性服务，如消防安全演练。
8				
无	无	无	有	某种需要有服务满足，但却不是必需的，这种服务只是给服务提供者带来利益，但没有给服务接受者带来利益。
9				
无	有	无	无	这主要表示的是一种期望，并不代表真正的需求。

四、任务解决

任务1和任务2中的社区内涵是不同的。前者是居民委员会的管辖范围，可以视作为行政管理上的社区内涵，而后者是一个纯粹理论上的社区内涵，它是具有共同文化属性的共同体。

在实际操作中，凡是涉及社区居民社会福利水平提高的，就属于理论上的"社区"概念，除此之外，都属于行政管理概念中的"社区"概念。

必备知识

社区的分类

(一)按社区功能分类

1. 经济社区

经济活动集中，经济功能明显的社区。

2. 政治社区

省、市、县等各种行政区域的领导、管理中心所在地。

3. 文化社区

高等院校、科研、文化艺术单位比较集中的社区。

4. 军事社区

以军事目的为中心所形成的社区。

5. 特殊社区

除基本功能以外的，以其他特殊功能为主的社区。

（二）按社区的空间分类

1. 法定社区

即地方行政区。

2. 自然社区

即聚落。

3. 专能社区

人们从事某些专门活动而形成的一定地域空间上的聚集地。

（三）按社区内部组织形式分类

1. 整体社区

具有相对独立意义的，基本上具备了人类社会生活的主要方面，并能解决大多数居民主要需求的比较完整的社区，如一个城市，一个独立的村落。

2. 局部社区

整体社区的一部分，如一个街区。

（四）按社区规模分类

1. 巨大型社区（上百万人口）

2. 大型社区（几十万到百万人口）

3. 中型社区（十万到几十万）

4. 小型社区（一万到十万）

5. 微型社区（一万以下）

（五）按社会生产力水平和时间要素分类

1. 传统社区

2. 发展中社区

3. 现代社区

（六）按多元标准分类（经济结构、人口密度、人口规模等）

1. 乡村社区

以从事农业生产为主要谋生手段的人口为主的、人口密度和人口规模相对较小的社区。

2. 城市社区

在特定区域内，由从事非农业生产劳动的密集人口所组成的社区。

3. 集镇社区

介于城市和乡村之间的，居民主要不从事农业生产劳动，人口达到一定规模的社区。

（七）按其他标准分类

按社区的地理环境分类：平原社区、山区社区、牧区社区。

按社区发展的历史分类：流动性社区、半固定型社区、永久型社区。

拓展训练

李强是一名大一学生，从小喜欢攀岩，念小学时参加了专业攀岩训练班。高中毕业时，获得过行业协会组织的攀岩比赛的第三名。进入大学后，他利用微信平台建了一个"我爱攀岩"微信群，定期推送一些关于攀岩的知识和信息。与此同时，他还定期组织有攀岩爱好的同学，去野外素质拓展基地进行拓展训练。

问题思考：

1. 李强开设的微信群是社区吗？

2. 如果是你，你会如何开展社区活动？

推荐阅读

1. 王思斌．社会工作概论．北京：高等教育出版社，1999

2. 甘炳光，梁祖彬．社区工作：理论与实践．香港：香港中文大学出版社，1994

任务二
把握社区建设的要义

学习目标

知识目标：1. 掌握社区建设的概念。
　　　　　2. 掌握社区建设的意义。
　　　　　3. 掌握社区建设的内容。
　　　　　4. 掌握社区建设的措施。

能力目标：能够将社区建设的有关内容充分运用到日常的社区管理与服务中，
　　　　　达到促进社区居民福利水平提高的目的。

工作任务描述

2012 年鲁谷社区工作简报

【社区动态】

鲁谷社区顺利通过市"百日整治行动"联合检查组检查验收

近日，由市城管执法局、市监察局等单位组成的检查验收组，听取鲁谷社区关于"百日整治行动"工作汇报、与相关人员进行交流交谈、对街面环境秩序进行现场检查后，对鲁谷社区"百日整治"工作给予了"领导重视、落实到位、工作扎实、成效显著"的高度评价和认可。他们表示：1. 鲁谷社区在"百日整治行动"中，联动到位，齐抓共管得力，工作方法行之有效。2. 在治理城市环境卫生、城市秩序死角工作中，能够突出重点，成绩明显。3. 能够有效固化取得的成果，在"疏堵结合"方面形成了长效管理机制。

鲁谷社区组织开展普法系列活动

在全国第 11 个法制宣传日到来之际，鲁谷社区组织开展了法制进校园、法制进社区活动。邀请两名市一中院法官分别到聚兴园社区和台京学校进行普法讲座和法律咨询，得到社区群众和广大师生的一致好评。

鲁谷社区开展打击非法行医专项行动

近日，鲁谷社区联合公安、卫生、工商等部门，开展了打击非法行医违法活动专项行动。共出动 84 人次、16 车次，查处取缔黑诊所 12 家，查处游医、假医 13 人，没收药品 21 袋，没收器械 2 个。

鲁谷社区四项措施做好"两节"期间保障工作

1. 优化环境。加大对沿街商户卫生责任区的检查力度，加强城乡接合部乱倒垃圾渣土等违法行为的查处，广泛发动社会单位、小区居民共同清理社区环境，以整洁有序的城市环境迎接"两节"。

2. 重点排查。一是结合节日特点，做好流动人口动态管理，进一步落实预防煤气中毒工作的宣传、检查、整改、现场处理四个环节，确保流动人口安全及社会秩序稳定。二是协调相关部门对辖区村镇、商场超市等人员密集地区进行联合执法检查，排除安全隐患。

3. 全员巡防。发挥22个社区的群防群治力量，建立社区网格化防控体系，确保辖区重点区域有人巡、重点时段有人看、重点设施有人管。

4. 强化值守。严格落实24小时领导带班制度，确保信息渠道畅通；针对可能出现的灾害天气、突发公共事件，做好预测预警、应急处置准备工作，明确处理程序，落实各项应急预案。

鲁谷社区组织社区代表参加便民工程巡查及征询活动

近日，在对2011年便民工程项目巡查中，鲁谷社区中心主任高国强向24名社区代表详细介绍了2011年便民工程施工项目及资金使用情况，代表们实地检查了久筑居委会办公新址装修改造及社区服务中心办公用房建设情况，对工程项目的后续施工工作提出了改进建议，并对2011年便民工程进行了量表测评，满意率达到100%。在随后召开的2012年度便民工程征询会上，社区代表们共提出意见建议51条，社区城管部、事务部、芳星园物业主要领导与代表进行了面对面的沟通，并对能够解答的部分建议当场予以答复。最后，高国强同志强调：鲁谷社区始终高度重视征询会收到的意见建议，会后社区将认真分类整理，通过纳入2012年度便民工程、纳入"两会"建议和提案、协调物业公司等多种渠道尽快解决。

问题思考：

1. 从社区工作视角看，"百日整治行动"是社区建设的内容吗？
2. 通过阅读工作任务，请归纳社区建设的几个主要方面。

工作任务分解与实施

一、社区建设的概念

社区建设这个概念是在社区服务、社区管理的基础上，根据我国居民委员会的发展变化，逐步形成的一个概念。

伴随着中国改革开放的不断深化，多数"单位人"逐步转变为"社区人"，由原先的单位管理体制，向社会管理体制转变。在这个转变过程中，个人对单位的向心力逐渐瓦解，但是对社区的向心力却没有形成。归根结底，主要原因是居民或者个人没有完全建立起对社区认同。因此社区建设这个概念的提出，旨在提高社区居民的社会福利水平，满足社区居民在生活和工作中的一些福利需求，诸如居住环境美观、养老服务充分、儿童服务有保障等。通过这些实在的服务内容，使居民能够建立起对社区的认同，进而保障社会的稳定，促进和谐社会的最终实现。

那么社区建设到底是什么呢？社区建设是指在党和政府的领导下，依靠社区力量，利用社区资源，强化社区功能，解决社区问题，促进社区政治、经济、文化、环境的协调和健康发展，不断提高社区成员的生活水平和生活质量。

对这个概念的把握，需要认识到社区建设是一个专有概念，其中依靠党的领导和社区力量，利用社区资源，实现社区成员生活水平和生活质量的提高是其核心的要素。在这里必须强调的是，社区建设离不开党的领导。离开了党的领导谈社区建设，无论在实操中或是理论上都会出现偏离。

二、社区建设的意义

社区建设是一项新的工作，大力推进社区建设，是我国城市经济和社会发展到一定阶段的必然要求，是新世纪我国城市现代化建设的重要途径。1999年年底，我国有667个城市，749个市辖区，5904个街道办事处，11.5万个居民委员会。随着改革开放的不断深入，特别是社会主义市场经济体制的初步确立，包括街道办事处、居民委员会在内的城市基层社会结构面临改革和调整的任务，社区的地位和作用变得十分重要，社区建设的要求也变得非常迫切。

在新的形势下，社会成员固定地从属于一定社会组织的管理体制已被打破，大量"单位人"转为"社会人"，同时大量农村人口涌入城市，社会流动人口增加，加上教育、管理工作存在一些薄弱环节，致使城市社会人口的管理相对滞后，迫切需要建立一种新的社区式管理模式。随着我国城市数量的不断增加和城市化进程的加快，基础设施日趋完善，现有城市的管理和服务不相配套，尤其是城市基层社会管理比较薄弱，迫切需要大力加强和完善城市管理水平，提高居民素质和文明程度。随着国有企业深化改革、转换经营机制和政府机构改革、转变职能，企业剥离的社会职能和政府转移出来的服务职能，大部分要由城市社区来承接。建立一个独立于企业事业单位之外的社会保障体系和社会化服务网络，也需要城市社区发挥作用。同时，随着人民群众生活水平的不断提高和住房、医疗、养老、就业等各项制度改革的深入，城市居民与所在社区的关系越来越密切。他们不仅关注社区的发展，参与社区的活动，而且对社区的服务和管理、居住环境、文化娱乐、医疗卫生等方面提出多层次、多样化的要求。推动社区建设，拓展社区服务，提高生活质量，已成为广大城市居民的迫切要求。

改革开放以来，特别是党的十四届六中全会以来，以社区建设为载体，活跃基层文化生活和加强社会主义精神文明建设的工作呈现出扎实推进、持续发展的良好态势。随着创建文明社区活动的深入开展，社区面貌明显改观，社区风气逐步好转，文明楼院、文明小区数量不断增多，对促进改革、发展、稳定发挥了积极作用。实践证明，大力开展社区教育，引导居民爱祖国、爱城市、爱社区，可以形成崇尚先进、团结互助、扶正祛邪、积极向上的社区道德风尚；经常组织具有社区特色的群众性文体活动，丰富居民的精神文化生活，可以增强社区的凝聚力，形成科学文明健康的生活方式；紧紧抓住社区居民关心的热点、难点问题，有针对性地开展思想政治工作，并坚持把解决思想问题同解决实际问题结合起来，加强社区服务与管理，可以进一步密切党同人民群众的联系，广泛调动社区居民"讲文明树新风、共建美好家园"的积极性。

长期以来，受计划经济体制的影响，城市居民委员会不同程度地存在行政化管理的现象，居民参与社区建设的程度还不太高。随着改革的深化和居民对社区事务的日益关注，城市居民委员会原有的管理方式很难适应形势发展的需要。面对流动人口、下岗职工、老龄工作、社会治安、计划生育等各种问题，城市居民委员会在管理和服务上力不从心，存在职责权利不统一、职责任务不明确、管辖范围过小、人员结构老化、工作条件差等问题。推进社区建设，发挥社区居民自治组织的作用，保证社区居民依法管理自己的事情，是解决上述问题的有效办法。

三、社区建设的内容

1. 拓展社区服务

在大中城市，要重点抓好城区、街道办事处社区服务中心和社区居委会社区服务站的建设与管理。社区服务主要是开展面向老年人、儿童、残疾人、社会贫困户、优抚对象的社会救助和福利服务，面向社区居民的便民利民服务，面向社区单位的社会化服务，面向下岗职工的再就业服务和社会保障社会化服务。社区服务是社区建设重点发展的项目，具有广阔的前景，要坚持社会化、产业化的发展方向。各地区要继续贯彻落实国家对发展社区服务的各项扶持政策，统筹规划，规范行业管理。要不断提高社区服务质量和社区管理水平，使社区服务在改善居民生活、扩大就业机会、建立社会保障社会化服务体系、大力发展服务业等方面发挥更加积极的作用。

2. 发展社区卫生

把城市卫生工作的重点放到社区，积极发展社区卫生。加强社区卫生服务站点的建设，积极开展以疾病预防、医疗、保健、康复、健康教育和计划生育技术服务等为主要内容的社区卫生服务，方便群众就医，不断改善社区居民的卫生条件。

3. 繁荣社区文化

积极发展社区文化事业，加强思想文化阵地建设，不断完善公益性群众文化设施。充分利用街道文化站、社区服务活动室、社区广场等现有文化活动设施，组织开展丰富多彩、健康有益的文化、体育、科普、教育、娱乐等活动；利用社区内的各种专栏、板报宣传社会主义精神文明，倡导科学文明健康的生活方式；加强对社区成员的社会主义教育、政治思想教育和科学文化教育，形成健康向上、文明和谐的社区文化氛围。

4. 美化社区环境

大力整治社区环境，净化、绿化、美化社区；提高社区居民的环境保护意识，赋予社区居民对社区环境的知情权；努力搞好社区环境卫生，建设干净、整洁的美好社区。

5. 加强社区治安

建立社会治安综合治理网络，有条件的地方，要根据社区规模的调整，按照"一区（社区）一警"的模式调整民警责任区，设立社区警务室，健全社会治安防范体系，实行群防群治；组织开展经常性、群众性的法制教育和法律咨询、民事调解工作，加强对刑满释放、解除劳教人员的安置帮教工作和流动人口的管理，消除各种社会不稳定因素。

6. 因地制宜地确定城市社区建设发展的内容

各地区在推进城市社区建设的过程中，应根据本地经济和社会发展水平与现有工作基础，从实际出发，分类指导，从基础工作做起，标准由低到高，项目由少到多，不断丰富内容，力戒形式主义。

四、社区建设的措施

1. 加强社区党组织建设

要按照《中国共产党章程》的有关规定，结合社区党员的分布情况，及时建立健全社区党的组织，开展党的工作。社区党组织是社区组织的领导核心，在街道党组织的领导下开展工作。其主要职责是：宣传贯彻党的路线、方针、政策和国家的法律法规，团结、组织党支部成员和居民群众完成本社区所担负的各项任务；支持和保证社区居民委员会依法自治，履行职责；加强党组织的自身建设，做好思想政治工作，发挥党员在社区建设中的先锋模范作用。

2. 加强社区居民自治组织建设

加强社区居民自治组织建设的前提是科学合理地划分社区。根据改革创新精神，按照便于服务管理、便于开发社区资源、便于社区居民自治的原则，考虑地域性、认同感等社区构成要素，对原有街道办事处、居民委员会所辖区域进行适当调整，以调整后的居民委员会辖区作为社区地域，并冠名社区。在此基础上，建立社区居民自治组织。社区居民委员会的成员经民主选举产生，负责社区日常事务的管理。社区居民委员会的根本性质是党领导下的社区居民实行自我管理、自我教育、自我服务、自我监督的群众性自治组织。

3. 逐步建立社区工作者队伍

社区建设需要大批专业的社区工作者。要采取向社会公开招聘、民主选举、竞争上岗等办法，选聘社区居委会干部，努力建设一支专业化、高素质的社区工作者队伍，尤其要从下岗职工和大中专毕业生中选聘政治素质好、文化程度高、工作能力强、热爱社区工作的优秀人才，经过法定程序，充实到社区工作者队伍中去。要切实改善社区党的组织和居民自治组织的工作条件和社区工作人员的生活条件；积极发展志愿者队伍，广泛动员社会力量参与社区建设。

五、任务解决

从社区工作视角看，"百日整治行动"属于社区建设的内容。因为社区建设的概念中包含制度建设和机制建设。这些属于社区建设中的"软环境"建设。

工作任务中体现的"社区建设"包括居住环境的改善、居民安全的保障和道路的巡防等。

必备知识

社区建设的主要特征

1. 综合性

社区建设是指整个社区的全方位建设，它包括社区服务、社区环境、社区秩序、社区治安、社区民主、社区法制、社区文化教育、社区体育、社区卫生和社区组织等方面的建设，具有极强的综合性；社区建设的方法和手段有经济手段、行政手段、社会手段等，也具有极强的综合性。

2. 社会性

我国社区建设是各类社区主体、各种社区力量共同参与的过程。

3. 地域性

社区是一种地域性的社会实体，因而具有明显的地域性特征。

4. 计划性

要系统有序地开展社区建设工作，需要从社区实际情况出发，制订切实可行的发展规划和工作计划，并按照计划开展活动。因此，计划性是社区建设的一个主要特征。

5. 群众性

从社区建设的对象看，不是指社区内的某一群体或几个群体，而是指社区内的所有群众，因此社区建设具有明显的群众性。

拓展训练

某老年护理机构计划在某社区开设专门针对老人的日间照料中心。在进行需求调研的过程中，与当地社区居民委员会工作人员进行接洽的时候，他们发现工作人员比较犹豫。在深入了解情况后得知，社区居民委员会工作人员觉得照料中心的开设是一件好事情，他们担心照料中心的日常运转缺乏资金。说到底，就是不太信任这间护理机构有充足的资金。得知这一情况后，该照料中心认为，资金不是问题，因为可以从社区建设的配套资金中申请一部分，用于照料中心的建设。

问题思考：

这间老年护理机构能否申请到社区建设的配套资金？如果可以，为什么？

推荐阅读

中共中央办公厅国务院办公厅关于转发《民政部关于在全国推进城市社区建设的意见》的通知　中办发〔2000〕23号

任务三
理解社区管理与服务的内容

学习目标

知识目标：1. 掌握社区管理的内容。

2. 掌握社区服务的内容。

能力目标：能够区别社区管理与社区服务，根据两者的区别，恰当的对社区工作进行归类。

工作任务描述

案例1　锁金村街道联合多部门取缔无证小餐饮

6月11日上午，锁金村街道联合区市场监督管理局、城管执法大队、锁金派出所等多家部门，出动执法人员20人，协管员70人，车辆2台，对板仓街2号两家无证经营，反复多次被投诉，多次检查拒不整改的小餐饮店进行了取缔，现场查封暂扣了部分经营物品。小餐饮经营门槛低，经营者的法律意识淡薄，常常带来许多的问题，尤其是居民区楼下开餐饮导致油烟扰民、下水道堵塞等影响环境的问题，因此越来越成为居民关注和投诉的焦点。位于板仓街2号的6家餐饮店，均开在居民楼楼下，近两年来一直是居民投诉的焦点。由于证照齐全，每次投诉后街道只能针对油烟扰民、下水道漫溢问题要求店家进行整改，但不能解决根本问题。2014年12月31日，该处餐饮店的服务许可证均到期。恰逢《新大气污染防治条例》即将颁布出台，街道以此为契机，除了与区食药监局沟通不再核发餐饮服务许可证外，街道、社区工作人员多次上门进行耐心宣传，将政策、法律法规解读给他们听。经过努力，有两家主动关门，两家转向经营，但还有两家依然我行我素，照常经营。针对以上情况，街道联合多部门对这两家无证餐饮店进行联合整治，对其违法行为进行了处理，并暂扣其违法经营的物品，起到了很好的"警示"作用。

案例2　温情结对　平安度夏——锁二社区积极开展老人安全度夏服务

为帮助社区老人平安度过炎炎夏日，锁二社区组织了一系列关爱孤寡老人的活动。首先社区了解辖区内所有老人的情况，根据每个人的情况将老人，特别是独居，生活上确实困难的老人进行包干分户，由社工带头，志愿者、义工以"三包一"结对服务，定时间，定人员，为老人提供各项服务。8小时之内社工包干，8小时以外社区志愿者，义工相结合共同为社区老人提供服务。通过多种方式对老人进行心理疏通，与他们聊天、为他们讲笑话，尽可能在让这些老人从心灵上得到抚慰，给他们带来欢乐。

有的老人提出："我一个人居住，平时连和我说话的人都没有，非常寂寞。"我们就通过社区志愿"一小时轻松阳光"服务队为其提供心灵抚慰。4年下来，志愿者队伍中的大学生换了一批又一批，但对老人的服务始终在继续，老人和志愿者们已经成了朋友。在假期，依然会有大学生每周都来探望老人。

社区工作人员还主动登记老人子女电话，以便在特殊情况时，及时联系上老人的儿女，避免发生突发情况。5月份社区一位老人老伴去世，孩子在外地，平时很少回来，老人身体状况不好，又坚决不想离开社区和儿子同住，社区和其家人联系商量之后，为老人介绍了4位具有专业知识的义工，分时间结对照顾老人，让老人可以平安度夏。老人对社区工作人员的细致工作十分感动，常常说："如果不是社区，遇到难事真不知道找谁。"

锁二社区通过社区负责、邻里互助、社会关怀等方式，全面开展"三包一"平安度夏服务。为社区老人量身提供包括法律服务、安全教育、便利服务、健康保健服务、文体健身在内的一系列服务项目。同时也使社区志愿服务理念深入人心，提升志愿者的服务质量，拉近群众与青年志愿者的距离，使社区服务的影响范围进一步扩大。

现在锁二社区居家养老康复服务站也落成了，通过专业的组织将更好地为社区老人提供服务。社区全体工作人员和志愿者义工一起凭着真情的服务、有效的措施一步步努力实现社区老人老有所养、老有所安、老有所助、老有所乐的民生目标。

问题思考：

1. 案例1中，街道依靠社区工作人员的力量取缔无证小餐饮。社区工作人员多次上门进行宣传，以促成业主主动停止营业。从专业视角看，这是社区工作人员从事管理工作还是服务工作？

2. 案例2中，社区工作者主动上门登记老人的情况，以确保老人安全度夏。社区工作者的行为属于社区服务吗？

工作任务分解与实施

社区管理与服务是社区居民委员会管理与服务的简称，其中包含两个部分，即社区居民委员会的管理和社区居民委员会的服务。管理和服务的依据都是《居民委员会组织法》。在该法中，对社区居民委员会的管理与服务是以任务的形式规定的，具体要求如下。

居民委员会的任务有以下几点。

1. 宣传宪法、法律、法规和国家的政策，维护居民的合法权益，教育居民履行依法应尽的义务，爱护公共财产，开展多种形式的社会主义精神文明建设活动。

2. 负责居住地区居民的公共事务和公益事业。

3. 调解民间纠纷。

4. 协助维护社会治安。

5. 协助政府机构做好与居民利益相关的公共卫生、计划生育、优抚救济、青少年教育等各项工作。

6. 向人民政府或者相关机构反映居民的意见、要求并提出建议。

法律规定上对社区居民委员会的工作只是做了一些原则性的规定。在长期的社会工作过程中逐渐形成了管理与服务两个主要领域。

一、社区居民委员会的管理

从实践来看，社区居民委员会的管理主要是四大类，即社会救助、流动人口管理、计划生育以及综合治理。

1. 社会救助

社会救助事关困难群众衣食冷暖和基本生活保障，是党和政府维护困难群众生存权益、促进社会稳定和公平正义的托底性、基础性制度安排。困难群众居住在社区、生活在社区、服务依托社区，与居民委员会的联系最为紧密，居民委员会最了解困难群众的生活状况和救助需求。健全完善社会救助经办服务体系，落实好各项社会救助政策，不断提升基层社会救助服务水平，真正为困难群众排忧解难，离不开居民委员会的参与、协助和配合。

一是协助提出救助申请。指导、督促村居民委员会接受申请最低生活保障、特困人员供养、医疗救助、教育救助、住房救助、临时救助等社会救助有困难的家庭或个人的委托，代其向街道办事处或相关救助机构提交书面申请及材料。指导、督促居民委员会将申请人所有申请材料全部上交，不得自行得出不予受理或不符合救助条件的决定。要指导、督促村居民委员会成员及其他社区工作者主动申报备案其近亲属申请救助的情况。

二是协助开展调查审核。指导、督促居民委员会协助街道办事处，组织驻社区干部、社区救助专干、专业社会工作者等工作人员，通过入户调查、邻里访问等形式，对社会救助申请人声明的家庭经济状况、人口状况、遭遇困难类型等逐一调查核实，并由调查人员和申请人签字确认。调查审核的责任主体是街道办事处，居民委员会不能自行得出调查审核结论。

三是协助组织群众评议。指导、督促居民委员会在入户调查结束后，协助街道办事处组织居民代表或者群众评议小组对救助申请人声明的家庭收入、财产状况以及入户调查结果的客观性、真实性和完整性进行评议。

四是协助公示审核审批结果。街道办事处根据家庭经济状况调查审核、群众评议等情况对救助申请提出审核意见后，要在居民委员会协助下在居务公开栏公示审核结果。县级民政部门做出救助批准决定后，要在居民委员会协助下在居务公开栏公示拟救助的申请人姓名、家庭成员、救助金额等信息。

2. 流动人口管理

一是做好流动人口的登记，对社区的外来流动人口，无论从事何种职业，凡居住时间在一周以上者，都要检查其身份证和有关证件，并做好登记，时间在一个月以上者，需要到公安派出所办理临时居住手续。

二是落实治安责任制，出租户要与社区签订治安责任状，外来流动人口应与房东签订治安保证书，每个出租户都是治安责任人，要主动协助社区管理好外来流动人口。

三是认真做好流动人员管理工作，经常与社区、派出所、出租房主和流动人员现在服务的处所联系，及时全面地了解和掌握流动人员的情况。

四是加强对流动人口的法制教育，利用"法制夜校"，轮流培训外来流动人口，使其增强法制观念，提高自我保护能力，对出租房主也要经常组织教育，指导他们主动协助搞好流动人口管理。

五是按照计生工作的有关规定，认真抓好流动人口的计划生育工作。

3. 计划生育

社区居委会要重点管理好以下五种育龄人群的计生工作：一是居住在本社区的居民；二是户口在本社区、夫妻双方均已下岗并居住在本社区的育龄对象；三是户口不在本社区、夫妻双方均已下岗但居住在本社区的育龄对象；四是户口不在本社区但已在本社区范围内购（建）房居住的外来无工作单位的育龄对象；五是外来流动人口中的育龄对象。对夫妻双方在单位上班或一方在单位上班的育龄夫妇，以单位管理为主。

按要求建立好计生领导小组、计生工作委员会、计生协会、协商议事委员会、志愿者队伍，选配好组指导员、会员小组长、庭院院长、楼栋长，为计划生育居民自治的开展提供可靠的组织保证；重点抓好宣传教育、知情选择和避孕节育措施落实、信息上报、流动人口、社区服务等工作。

加强与所在街道办事处计生办的联系，自觉接受业务指导和工作督查，在重大问题上请求协助解决；加强与组指导员、会员小组长、庭院院长、楼栋长和居民的联系，及时掌握计生信息，搜集、研究和反映育龄群众的意愿和要求，积极为其排忧解难；加强与辖区单位的联系，开展计生业务指导和督查，及时沟通。

4. 综合治理

综合治理主要针对的是社区治安维护这个方面。具体来说：处理好管理与服务的关系。社区的精髓在于服务，搞好社区社会治安工作的关键在于服务。因此，社区工作人员应牢固树立服务居民、服务社区的思想，认真开展各项服务，寓管理于服务之中，不断增强群众认同感，充分调动积极性，做到以服务促管理，以服务促治安。"打防结合，预防为主"是社会治安综合治理工作的指导方针。对社区内发生的各类刑事案件，必须集中警力，尽快破案，严厉依法打击，依靠专门队伍并充分发动群众的力量。社区民警、治安巡护队是维护社区治安工作的专门队伍，必须充分发挥他们的作用，为社区治安提供保障。同时要加强综合治理的宣传，建立健全广大人民群众同违法犯罪分子做斗争的激励机制和社会保障机制，不断夯实社会治安基础。社区建设要坚持人防、物防、技防齐抓，一方面要下气力抓好群防群治；另一方面要按照量力而行、尽力而为、各方出资、共同受益的原则，有步骤有计划地改善社区的防范设施建设。

二、社区居民委员会的服务

社区居民委员会是群众性自治组织，其服务内容琐碎，一定程度上可以说是事无巨细。因此很多地区都有社区居民委员会的服务事项清单。

党建服务：党员管理、发展党员、困难党员帮扶解困、收缴党费、居民政审证明、党员教育培训、开展党建活动、开展志愿服务、区域化共驻共建。

兵役服务：征兵工作、兵役登记、双拥工作、企业军转干部登记。

妇女服务：育龄妇女免费查体、育龄妇女教育培训、妇女维权。

助老服务：居家养老服务申请审核、高龄津贴申请审核、组织 60 岁以上老年人免费查体、对 60 岁以上老年人办理银龄工程保险登记、老年人社区活动。

社会帮扶救助：低保边缘家庭登记、低保边缘家庭查体、低保边缘家庭发放就诊卡；残疾人、单亲家庭、失独家庭、大病特困家庭、困难群众等慰问帮扶；发动群众开展慈善救助活动。

社区教育：科普宣传教育、未成年人教育。

精神文明创建：精神文明宣传教育、道德行为规范教育、社区文体活动。

总体上讲，社区居民委员会的服务从人群上分类是比较明确的，即老人服务，妇女服务，残疾人服务及青少年服务。

三、任务解决

案例 1 中的社区工作人员从事社区管理工作，案例 2 中的社区工作人员从事老人情况登记工作，这两项工作都属于社区服务的内容。

必备知识

《中华人民共和国居委会组织法》摘要

第二条

居民委员会是居民自我管理，自我教育，自我服务的基层群众性自治组织。不设区的市，市辖区的人民政府或者它的派出机关对居民委员会的工作给予指导，支持和帮助。居民委员会协助居委会在不设区的市，市辖区的人民政府或者它的派出机关开展工作。

第三条

居民委员会的任务：

（一）宣传宪法，法律，法规和国家的政策，维护居民的合法权益，教育居民履行依法应尽的义务，爱护公共财产，开展多种形式的社会主义精神文明建设活动；

（二）办理本居住地区居民的公共事务和公益事业；

（三）调解民间纠纷；

（四）协助维护社会治安；

（五）协助人民政府或者它的派出机关做好与居民利益有关的公共卫生，计划生育，优抚救济，青少年教育等工作；

（六）向人民政府或者它的派出机关反映居民的意见，要求和提出建议。

第四条

居民委员会应当开展便民利民的社区服务活动，可以举办有关的服务事业；居民委员会管理本居民委员会的财产，任何部门和单位不得侵犯居民委员会的财产所有权。

第五条

多民族居住地区的居民委员会，应当教育居民互相帮助，互相尊重，加强民族团结。

第六条

居民委员会根据居民居住状况，按照便于居民自治的原则，一般在一百户至七百户的范围内设立。居民委员会的设立，撤销，规模调整，由不设区的市，市辖区的人民政府决定。

第八条

居民委员会主任，副主任和委员，由本居住地区全体有选举权的居民或者由每户派代表选举产生；根据居民意见，也可以由每个居民小组选举代表二至三人选举产生。居民委员会每届任期三年，其成员可以连选连任。年满十八周岁的本居住地区居民，不分民族，种族，性别，职业，家庭出身，宗教信仰，教育程度，财产状况，居住期限，都有选举权和被选举权；依照法律被剥夺政治权利的人除外。

拓展训练

小张高中毕业，想去当兵。但是他不是很清楚当兵的要求及流程。同时他也需要了解有关当兵的优惠政策。

问题思考：

小张是否可以去社区居委会询问？如果可以，社区居委会是完成工作，还是提供某种服务？请说出有关依据。

推荐阅读

徐永祥 . 社区工作 . 北京：高等教育出版社，2004

参考文献

1. 袁继红 . 社区管理实务 . 北京：电子工业出版社，2009
2. 蒋奇 . 社区建设与管理 . 北京：北京大学出版社，2008
3. 张俊芳 . 中国城市社区的组织与管理 . 南京：东南大学出版社，2004
4. 张堃 . 社区行政与管理 . 北京：中国轻工业出版社，2007
5. 董傅年 . 社区环境建设与管理 . 北京：高等教育出版社，2003
6. 唐忠新 . 社区服务思路与方法 . 北京：机械工业出版社，2003
7. 魏娜 . 社区组织与社区发展 . 北京：红旗出版社，2003
8. 白治刚 . 社区文化与教育 . 北京：中国劳动社会保障出版社，2001

项目二　理解社区工作的理论模式

内容导航

社区工作与居委会工作一致吗？社会工作专业的同学，如果到社区居民委员会实习或者工作，可能遇到的第一个困扰是，学校里面学的社区工作与实际工作不相关，我们是否白学了。

我们在学校里学习的社区工作知识为什么在社区居民委员会工作中用不上？对这个问题的回答，首先必须明确专业视角下的社区工作是一种方法和模式，具有一定的理论支撑。换句话说，社会工作专业中提到的社区工作，是我们在实际的社区居民委员会的管理与服务中，可以采用的一种工具和手段。专业社区工作具体的开展，需要考虑社区的实际情况。

当前，我们错误地将社区社会工作，或者居民委员会的管理与服务简单等同于专业社区工作，其原因在于我们没有弄清楚有关的理论，不能清晰地区分专业中的社区工作与社区居民委员会的管理与服务。

具有理论支撑的社区工作，才能谈得上专业；缺乏理论支撑的社区工作，将会偏离专业本身。

任务一
掌握社区工作的主要模式

学习目标

知识目标： 1. 了解社区工作的特点与目标。

2. 掌握社区工作的主要模式。

能力目标： 将社区工作各大模式，即地区发展模式、社会策划模式灵活运用于社区建设和社区发展。

工作任务描述

1. 读书使人优美。4月23日是世界读书日，西安市从去年开始要求各个社区设置面积不少于30平方米的社区图书室。目前这些图书室运行情况怎样？还存在什么问题？居民在这里阅读感受如何？近日，本报记者兵分四路，对东西南北不同地域的几十家社区图书室进行了调查，发现这些"身边的图书馆"规模、标准各不相同，发展状况参差不齐，有的缺少书刊资源，有的则没有得到充分利用，而且很多社区图书室少有人问津。与国内外成熟、便捷的社区图书服务网络相比，我们的社区图书室还有哪些不足呢？

草阳社区设有职工书屋和农家书屋，有6000多册图书。"起初，书的种类少，后来看书的人多了，社区就号召大家捐书，很多居民积极响应，看书的人越来越多，图书室规模也渐渐扩大。另外，社区里有两所大学，老年大学和社区科普大学会定时上课，有兴趣的居民会前来听课。还有不少下岗职工、老党员来读书"，社区主任刘雅丽说。然而，根据莲湖区丝绸之路经济带规划，草阳社区即将面临拆迁。刘主任说，6000多册图书已由工作人员打包成捆。等到搬迁安置好以后，她打算把图书室，还有社区科普大学等一体化规划，让社区文化氛围继续活跃起来。

2001年5月，劳动二坊社区就有了图书室。记者走访看到，图书室放了两个书柜，其中一个书柜已经空了，另一个书柜摆满了书籍，但书柜被锁上了，书籍种类也较少。

社区主任曾筱筠表示，社区图书室几乎没有人来。图书室的工作人员说，有固定的几位70岁以上的老党员偶尔会来图书室借本书，但每次借的书也多是宣传资料和一些政策类书籍。

西关正街社区图书室和会议室设置在一起，一个大铁书架，上面摆放着几排书，这些书多为小说、作文书、教育类书籍，在册的只有几百本。这些书还是2012年省文化厅配送的，最近几年也没有更新过。

"寒暑假期间，社区会组织学生过来做实践课。在这期间，学生们会过来看看书。其他时间，前来借阅的人非常少"，西关正街社区主任谢翔天说。现在网络非常发达，社区图书室已经不能满足大家的需求了。

在北关自强路街办向荣社区的3楼，40多平方米的房子，门牌上标注着"图书馆""会议室""家长教室"。可记者走近一看才发现，房间里根本看不到书架。在社区工作人员的指引下，记者在一个墙角里找到了三个书架，书架上的图书已经落满灰尘，陈旧不堪。工作人员告诉记者，由于办公区域紧张，他们社区与阳光社区及建强社区三个社区1万多居民共用一个图书馆。可单从图书馆的位置及摆在角落的图书来看，这里的图书早已不受重视，图书馆形同虚设。

交通社区的图书室成立于2008年。谈起图书室的现状，工作人员李女士表示，来图书室借阅书籍的人以老年人和小学生居多，"我们的硬件设施齐备，属于标准化建设，环境很好，小学生放假期间也愿意来这里读书、做功课。"

相比之下，南院门街办保吉巷社区的图书室无论从场地规模、配套书籍、环境设施建设等方面都要强得多。记者在保吉巷社区图书室内看到，这里有七个大型书架，书架上的图书包括科技书、文艺书、工具书、儿童连环画及报纸杂志，虽说比不上省市级大型图书馆的藏书丰富，也算得上种类齐全，能满足居民日常使用。可在这里，记者看到，一些图书却十分新，个别的甚至连塑料封皮都没有拆开。工作人员告诉记者，受到图书室时间开放时间的限制，只有寒暑假时，来这里看书的人才较多。

居民对社区图书室各抒己见

观点1：到社区看报已经成了习惯。几乎每天早上8点，65岁的黄和平大叔就会出现在红专南路社区书屋。提到为什么要天天来，黄大叔笑着说："习惯了，每天看报纸和每天吃饭一样重要。家里只订了几样，这里报纸种类更多，还有杂志。"黄大叔告诉记者，社区书屋里的读物很多，有时间也会找喜欢的书看，他自己还在省图办理了借阅卡，爱读书的人看多少都嫌不够，"这都是我们阅读的一个途径，社区书屋很重要，也最方便，没有是肯定不行的。"黄大叔正在看报时，77岁的陈鑫安大爷和81岁的杨永成大爷也来到了书屋，认真看完报纸后，差不多快到吃中饭的时间了，"我记得当年老师跟我们说看报就可以知道全县的事，全国的事，全世界的事"，杨永成大爷说。陈鑫安大爷说："现在跟从前不一样了，信息太多，我们老年人对五花八门的信息分辨不清楚，所以还是以党报党刊为主。"

观点2：开放时间与居民工作时间冲突。据了解，大部分社区图书室仅在周一至周五开放，开馆时间则为早上9点到下午6点。"社区开设图书室本来是方便居民的，可是我们上班他们上班，我们下班他们也下班了，很难有机会去社区图书室看书借书，社区图书室是不是应该适时调整开馆时间，延长到傍晚或是增设周末开放时段。"

观点3：图书陈旧，没电脑检索书难找。中铁一局社区是开设社区图书室较早的社区之一，30多平方米的阅览室内，藏书达上千册。但记者发现，这里的部分书籍有些陈旧，好多都是十多年前的版本。一位居民说："社区里的书老是这几样，看得人都没兴趣了，你说那些老掉牙的农技方面的书籍，对在城市中生活的居民来说有什么意义？社区应该增加一些科技类图书和市场上热销的新书，提高社区图书室书籍的更新速度，这样才能吸引人。"居民常先生也坦言，现在网络便捷，要是图书室再没有能吸引人的书籍，他肯定不会感兴趣。"社区图书室里没有电脑，不能进行智能化检索，要找本想看的书，必须得挨个书架慢慢翻，这样还不如待在家里看电子书更为方便省时"，一位年轻的居民说。

三大难题困扰社区图书室的建设。从去年开始，西安市向各个社区下发了建设基层社区图书室的通知，要求社区图书室的面积不少于30平方米，且有一定数量的固定阅览位置、藏书不少于1500册、杂志达到十余种，馆内需制订借阅制度、设置电子目录，聘请专职管理人员等，但从现状看，这个目标大多数社区都很难完成。"社区图书室要解决'有'的问题，首先必须有地方，有了这个前提，后续的建设以及设施、图书的配备才能跟上。"兴庆南路社区主任呼延玉平直言，现在大多数社区的办公用房都是靠租或者借，相当一部分社区都达不到300平方米的现代化社区建设的硬性标准。原本就紧张的用地，想要再腾一块地方设图书室，难度可想而知。呼延玉平说，他们社区原来的办公地址在交大街南口的一个老旧家属院内，几十平方米的地方连办公都成问题，更别说建立社区图书室了。直到2013年年底社区搬到新的办公室，地方仍旧不是太宽敞，与物业商量后对整个办公区域进行了改造，腾出了一间房子做图书室，工作日内全面向居民开放，图书室建成一年多来，藏书也积攒到了一千多册，可是规模不大，没能引起居民们的关注。社区图书室是公共服务事业，没有盈利功能，但是维持它的正常运行需要大量资金。开通巷社区主任王玉梅说："社区图书室建成以后，要想吸引居民必须有新鲜的东西，定期的添置新书、增加新的服务项目都需要投入，但是社区的经费是有限的，很难兼顾图书室的图书和设备更新。"中铁一局社区主任吴永乐说，社区图书室里医疗保健类和儿童读物类的书籍较受欢迎，主要是社区里离退休老人和学生来借阅，管理类的书籍大多是社区工作人员阅读，个别年轻人会来看看文学类或是励志方面的书籍，其他种类的书籍基本上都无人问津。社区每年都会组织工作人员对馆内图书进行一次梳理，处理一些过时的书籍，但是却拿不出配置新书的预算，也没有单位愿意承担，社区只能去"化缘"，依靠爱心企业和单位的捐赠。东关社区主任郭江林说，社区图书室的工作看似简单，但要想把图书室办得有声有色，还需要一个专业的管理人员。这个管理人员要熟练掌握图书分类、编目等业务技能，还要有较广博的科学文化知识和专业服务能力，特别是收集和检索信息的能力。但事实上，记者调查发现，已经建成的社区图书室中，图书管理员均由社区工作人员兼任或是轮流任职，即使社区制订了借阅制度、有的还配备了电脑，但是管理跟不上，没有专业的电子目录，给居民借阅带来了不便。"社区里每个工作人员都有自己的固定岗位，很难抽出专人负责图书室的工作。"和南社区主任焦莉说，虽然上级单位有要求社区图书室配专职的管理人员，但是现有社区人员都是满员状态，只能暂时由工作人员兼任，这样一人多用，确实很难达到专业图书室的管理水平。

那么，针对如今社区图书室门庭冷落的现状，社区图书室该如何进行转变呢？向荣社区副书记丁红旗说，以向荣小区为例，居民多数是上了年纪的老人，他们眼睛不好使了，每逢讲座，他们都爱来，可到了看书就没人愿意了。有些老年人有个特点爱听不爱看，那么就应该建立电子阅览模式，只要戴着耳机用手指在电脑上一点，电脑可以把他们所需要的内容朗读出来。如此一来，既照顾了老年人身体的不便，还可从听书中获益，也使他们有一个更好的休闲方式，告别麻将。北关街办龙首西北社区书记黄娅婷说，来图书室的人也越来越少了，为了能调动居民的阅读积极性，他们根据人群请专家来做讲座，老年人听了健康专家的讲座，第一时间就会问社区有没有保健类的书籍。而青年人听了专家谈论创业方式，事后也会到社区图书室去找两本相关书籍看看。用这样的方式，调动居民的兴趣，使他们来图书室阅读。

东关社区主任郭江林说，社区图书室除了涵盖图书信息，也应该补充声音、图像、视频等信息资源。社区图书室不能仅仅是看书看报的地方，更应该成为公共文化空间，从全馆网络覆盖，到各类讲座、艺术沙龙，甚至是社区居民的读书会，提供多样化的服务，这样的社区图书室才有吸引力。

兴庆南路社区主任呼延玉平说，社区图书室要想实现多功能服务，让社区的图书资源流动起来，在社区内建馆会受到一定限制，如果能在社区附近重新选址，专门开辟一个能够容纳更多居民、更多图书、设施更加齐备的空间，让居民在阅读的同时，也能体验社区为大家带来的多样化的服务。

"在社区内开设图书室就是要让居民从中体会到便捷，不仅要有足够大小的阅读场所，还应该有灵活的新型借阅制度。社区图书室首先应该实现智能化，借阅者可以从电脑上查到所需书籍的编号，然后去相应的书架找到它。再从大的范围上讲，社区与社区之间，社区图书室与大型图书馆之间形成联动，相互之间资源共享，让整个社会系统的图书流动起来，形成一个大的数据库，居民只要就近去一个社区，就能通过社区图书室的网络系统找到自己想要借阅的书报，由社区出面定期统一借阅和归还，实现馆际间的'通借通还'。"社区一名工作人员如是说。

2. 与居民代表主动"对话"，金陵小区居民自拆违建铁皮车棚。社区里拆违点比较多，拆违前先召开居民代表大会，与居民代表对话，一起解决小区拆迁问题。据悉，20世纪80年代左右建成的金陵小区，是个敞开式无物管老小区，因缺乏管理和配套设施不足，该小区居民陆续在自家院内和门前私搭乱建，最主要的是铁皮车棚。今年宝塔桥街道将金陵小区新五村、新六村和新七村列入小区计划，但如何拆除违章建筑让人头疼。具体来说，执法中队结合以往的工作经验，对金陵小区五六七村的违法建设进行了详细的调查摸底，共统计出新五村违法建设104处，新六村违法建设162处，新七村违法建设157处，并将所有违法建设逐一拍照编号建档。执法中队在实施拆除违建之前，首先召开了新五村居民代表大会，深入了解居民的要求和愿望，直接和居民代表对话，回答代表的问题，打消居民的顾虑。金陵小区的居民在公共区域建设的违法建设，绝大多数是用于存放自行车和电动车的铁皮棚。由于多年来车辆被盗现象十分严重，车棚违建确实也是不得已而为之。这样一来，城管队员找到问题的症结，就比较好解决了。为了解决这个问题，街道就先在六村社区公布了小区新规划图和将来新建车棚的地点和效果图。为了保障居民拆除旧铁皮棚建设新车棚的过渡期内车辆的安全，街道专门辟出七村闲置的一块篮球场，将场地内停车线一一划好，并专门出资请人日夜看守，所有金陵小区五六七村的住户在新车棚未建好前都可以免费停放车辆，并承诺若车辆发生丢失损坏将赔偿，打消了停车居民的顾虑。最终，金陵小区五村违法建设已全部拆除，七村共计 157 处违法建设，至现在已自拆 122 处，自拆率 77.8%。

问题思考：

1. 任务 1 中，社区图书室本应该成为吸引社区居民的好去处，但为什么成了"鸡肋"呢？任务 2 中，采用居民对话的方式，有效解决老旧小区违章搭建的问题。试着理出这一对话模式的流程。

2. 如果你是社区居委会的社工，请问你该如何解决社区图书馆利用率低的问题。

3. 如果你是执法人员，请问你还会用什么方式与居民进行对话沟通。

工作任务分解与实施

一、社区工作的特点与目标

社区工作是以社区为对象的社会工作介入方法。它通过组织社区成员参与集体行动界定社区需要，合力解决社区问题，改善生活环境及生活质量；在参与的过程中，让社区成员建立对社区的归属感、培养自助、互助与自决的精神，加强他们在社区参与及影响决策方面的能力和意识，发挥其潜能，形成更和谐的社区。

当前，来自政府的社会服务任务，一是民政部门主管推动的社区服务，二是因为向市场经济体制转变所带来的社会保障、失业、再就业等问题，较少开展比较个人化的服务。每一个政府部门都在寻找在市场化改革中自己的新定位。在这种情况下，如果有了专业社会工作者的加盟，社会工作对实际社会服务的介入就不再是表层的，而是更具有专业性和针对性。

1. 社区工作的特点

作为一种工作方法，社区工作与个案工作和小组工作相比有其独特性。首先，分析问题的视角注重结构取向。社区工作认为问题的产生并不完全是个人自身的原因，而是与社区周围的环境及社会结构有密切的关系。其次，介入问题的层面更为宏观。社区工作较多涉及社会层面，涉及社会政策分析以及政策的改变，注重资源和权利的分配。再次，具有一定政治性。社区工作者有些时候会采取多种行动为社区居民争取合理的资源分配。最后，富有批判和反思精神。社区工作总是在关注问题，并且试图从根本上找出问题的症结，由此引发了对现存社会结构和政策的反思。

2. 社区工作的具体目标

(1)推动社区居民参与。社区工作者相信社区居民有能力解决影响其生活的各种问题，现在只是缺乏一些知识和技巧，因此鼓励居民参与社区工作。

(2)提高社区居民的社会意识。让社区居民认识到，反映和表达自己的意见是其拥有的权利，而个人也有责任履行公民的义务，使社区资源和权利能够平等分配。

(3)善用社区资源，满足社区需求。使社区资源能有效地回应社区需求。

(4)培养相互关怀和社区照顾的美德。社区工作可以促进社会的互相关怀，达到社区照顾的目的。

在这个基础上，社区工作目标还可以进行进一步分类，可以分为：事工(任务)目标与过程目标。

事工(任务)目标是指发展社区，重在改善环境及素质，解决社区问题，争取资源及权利。

过程目标是指发展个人，让居民在过程中得到成长，提升公民意识，感受自决能力，愿意参与社区活动。

无论是事工(任务)目标，或是过程目标，都强调居民一起参与，合力解决社区问题。专业社会工作中的社区工作特别重视运用社区内的各项资源，相信居民可以发挥能力去运用。对社工而言，专业社工要能够调动社区中的非正式支持资源。

二、社区工作的主要模式

社区工作的模式有不同的划分。在具体的实践过程中，针对不同的社区问题，或因为社会工作者所采用的工作途径不同，形成了不同的工作模式。这里介绍地区发展、社会策划和社区照顾三个实施模式。

社区工作主要模式

模式	特点	假设	策略	优缺点
地区发展模式	较多关注社区共同性问题； 通过建立社区自主能力来实现社区的重新整合； 过程目标的重要性超过任务目标； 特点：重视居民的参与。	基本假设：社区居民应该愿意参与社区事务； 社区问题的主要成因是缺乏沟通和合作； 社区可以实现和谐发展。	促进居民之间的交流； 团结邻里； 社区教育； 提供服务和发展资源； 社区参与。	优点：营造良好的社区气氛； 提高居民的能力； 推进社区民主； 切合中国文化传统。 不足：无法解决整体资源分配不均及制度不合理所产生的社区问题； 调和不同利益群体的手段不足； 民主参与可能导致成本高而效益低。

模式	特点	假设	策略	优缺点
社会策划模式	注重任务目标的实现； 强调运用理性原则处理问题； 注重由上而下的改变； 指向社区未来变化。	假设在一个复杂的社会环境中，要达成社区变迁，必须依靠专业人员和专业技术； 崇尚理性的力量； 社会问题可以通过渐进的方式解决。	明确组织的使命和目标； 分析环境和形式； 客观地认识自己的能力； 界定和分析问题； 确定需要； 建立目标和达到目标的标准； 列出、比较并选择可行方案； 测试方案； 执行方案； 评估结果。	优点：保证服务质量、较有效率。 不足：居民参与率低、服务对象的依赖性强。
社区照顾	协助服务对象正常地融入社区； 强调社区责任。政府、营利机构、非营利性机构、志愿组织、社区、家庭、个人等多方面共同承担服务责任； 非正式照顾是重要方面； 提倡建立相互关怀的社区。一种相互关怀的社区文化，是社区照顾的过程目标。	"照顾"基本上可以从四个不同层次来界定和理解，即行动照顾、物质支持、心理支持、整体关怀。 社区照顾是社会工作者动员社区资源，运用非正规支援网络，联合正规服务所提供的支持服务与设施，让有需要照顾的人士在家里或社区中得到照顾，过正常生活的活动。	在社区照顾：有需要及依赖外来照顾的弱势人士，在社区的小型服务机构或住所中获得专业人员的照顾。 由社区照顾：重点是积极协助弱势群体和有需要的人员在社区中重新建立支持网络。 对社区照顾：包括日间医院、家务助理等。	优点：对服务对象人性化的关怀、动员社区普通居民参与社区照顾、倡导社区层面服务的综合化。 不足：资源及权力下放可能引发的政府责任和角色问题、社区资源状况可能不符合社区照顾的要求、非正规照顾的服务质量难以保证、社区对有困难人士的排斥和歧视问题。

三、任务解决

社区中存在的主要问题是老人和儿童缺乏照顾，即空巢老人较多，留守儿童多。可以运用地区发展模式，开展老人帮助老人，老人照顾孩子的方式解决；可以运用社会策划模式，请有关专家开展专门调研，制订相关服务方案，解决老人与儿童的实际问题；可以运用社区照顾模式，聘请第三方或者相关社会服务组织，进驻社区开展专门服务。

必备知识

社区照顾模式的实施策略

1. 在社区内照顾

在社区照顾的服务形式主要有以下几种：

(1)将被照顾者迁回他们熟悉的社区中的家庭里生活，并辅以社区支援性服务，如家务助理、社区护士及社区中心等。

(2)将社区内的大型机构改造为更接近社区的小型机构，如老人庇护所、小型儿童之家等。

(3)将远离市区的大型机构迁回社区内，使服务对象有机会接触社区，方便亲友探访见面。

2. 由社区照顾

在社区照顾实践中，已充分证明了建立强有力的地区支持网络是实行社区照顾不可忽略的策略。"由社区照顾"的重点是要积极协助弱势群体和有需要的人在社区中重新建立支持网络，从而帮助他们继续留在社区或在他们原本的生活环境下维持独立而有尊严的生活。

"由社区照顾"强调借助非正规社会支持网络的力量。非正规社会支持网络的特点是灵活、及时、方便和人性化，比较适合给有需要的人提供情感性支持、伦理性支持、信息性支持和短期轻度服务等。

拓展训练

某小区是 20 世纪 90 年代建成的。由于历史原因，小区内的公用设施不健全，1500户的小区只有一二百平方米的违章搭建的非机动车棚。随着生活水平的提高，购置电动车、燃油助力车的住户越来越多，唯一的车棚已经远远不能满足居民停车的需求，纷纷在大楼内停放，影响居住环境的安全，还时常出现邻里纠纷。居民们多次向物业、业委会、居委会提出把小区东边的林带改造成一个车棚，以解决非机动车的停放问题。

问题思考：

从专业视角分析，如何运用地区发展模式、社会策划模式进行设计并解决该问题。

推荐阅读

徐永祥. 社区发展论. 上海：华东理工大学出版社，2006

任务二
熟悉社区工作的工作方法

学习目标

知识目标：1. 理解社区工作各阶段的工作重点。

2. 认识社区工作的常用技巧。

能力目标：能够将有关技巧熟练地运用于社区工作的各阶段。

工作任务描述

Y社区地处城市经济不发达地区，社区内居民收入低，服务设施简陋。社区内青少年初中毕业后辍学在家的比较多，他们结成帮派，经常在社区内游荡。最近，这群青少年团伙经常与其他团伙发生争执，社区居民深感不满，并向附近派出所投诉。

问题思考：

1. 该社区青少年有哪些问题和需求？

2. 作为社会工作者该如何介入？

工作任务分解与实施

一、社区工作各阶段的工作重点

1. 准备阶段

准备阶段，社会工作者的基本任务是对社区进行科学细致的分析，分析的重点是社区基本情况和居民对社区的看法。社区工作在准备阶段要做的重点工作包括：确定主要任务和行动方案；确定介入策略和工作方法；社会服务机构做好自己的工作，包括人员、资金、支持体系等。

2. 启动阶段

(1)行动方针和主要任务

启动阶段的主要任务是：寻找和发现社区居民中的带头人并对其进行培训，提升其对参与社区事务意义的认识；确定工作目标的优先次序，增强社区中的互助合作气氛。

(2)介入策略和工作方法

发掘资源和进行社区教育；开展互助合作；推动成立居民小组；提供服务。

(3)阶段性工作目标

启动阶段的工作目标是：在社区内组成不同性质的小组，培养了一批社区带头人，协助社区解决一些问题。

(4)注意事项

在启动阶段，由于社会工作者依靠专业能力提供了较多服务和活动，居民在信任社会工作者的同时也会不自觉地依赖他们。对社会工作者的认同高，对居民带头人的信赖少，后者会产生挫折感，也可能给社会工作者培养居民带头人带来困难。另外，各类居民小组成立后，小组内部和小组之间也会有人事和权力的争夺，需要社会工作者谨慎处理。

3. 巩固阶段

巩固阶段社会工作者的工作有以下几点。

(1)行动方针和主要任务

巩固阶段的行动方针是成立或巩固居民组织，让社区工作系统化。社会工作者可以通过培训等方式，帮助社区居委会建立合理的内部行政运作程序，分享组织居民的经验和技术，协助他们建立稳固的资源支持体系。

(2)介入策略和工作方法

①互助合作

用不同的策略服务居民带头人和普通居民，帮助小组成员建立对小组的归属感，通过各种互助活动改善社区氛围。

②社区教育

社会工作者要采用支持、鼓励和训练的方式，继续培养居民带头人，用课程、辅导、小组分享等多种方式强化居民带头人的办事能力。

③用行动争取更多外来的资源

与辖区单位共建，争取这些单位为社区提供资金、物资和人力的支持，强化社区功能。

(3)阶段性工作目标的实现

当社区居委会得到大部分居民的支持，社区小组的居民带头人能够健康地新陈代谢，组织工作系统化，并得到辖区有资源单位的支持时，巩固阶段的目标就基本实现了。

(4)注意事项

防止把注意力过分集中在少数居民带头人身上，忽略了多数普通的社区居民；要不断提醒居民组织既提供服务，又要考虑维持居民持续参与社区活动的问题。

4. 评估阶段

(1)主要任务

社会工作者要根据社区的变迁重新评估社区需要和问题；对自己的工作进行总结，决定下一步的工作方向；另外社区居委会也要对工作进行总结，确定新的发展方向，对未来发展做出安排。

(2)介入策略和工作方法

这一阶段的主要介入策略是策划和倡导。社会工作者要利用科学和客观的标准衡量社区居委会的独立办事能力，协助其界定未来的工作方向。在需要的时候，也可以邀请义务的专业人士做顾问，降低社会工作者对决策的影响。

（3）阶段性工作目标的实现

当社会工作者专业小组和社区居委会能够用客观方法总结以往的工作，并系统地规划未来时，评估阶段的目标就实现了。

（4）注意事项

在进行评估时，社会工作者要注意总结工作既不能过分依赖感性也不能只注重数据统计，而是要注意平衡运用定性和定量资料；总结工作要着眼于未来发展，而不是走形式。

二、社区工作的常用技巧

1. 与市民接触的技巧

（1）事先准备

清楚接触居民的目标；根据接触居民的目标选择"合适"的接触对象，注意排定接触的优先次序；接触时间要认真选择；对要接触的问题有所了解；注意文化背景，穿着合体；预估居民的反应，用热诚的笑容和冷静的态度应对具体情况，对居民的拒绝不气馁。

（2）接触过程

介绍自己：最好先找熟人介绍自己；也可以将自己与居民熟悉的、成功的活动相联系，增强可信任程度；介绍自己的服务机构和地理位置，让居民了解你是从哪里来的。也可以出示工作证；主动发放一些实用资料和活动的简介，通过让居民获益而增强信任；清晰介绍目的，表达关怀和兴趣，谈话通俗化；热情、主动积极的声音和笑容可以让对方更容易接纳自己；切忌与居民争论。

展开话题：避免提一些敏感的问题，提一些简单、容易回答的问题，也可以用周围环境和正在发生的事情展开话题。

维持对话：聆听、同理心、体谅、分享感受、澄清、寻找和提供资料等。

结束对话：感谢居民对社区工作者的信任，感谢居民能够付出时间，提供经验和资料；总结彼此的谈话，给予一些积极的反馈；离开前要告诉居委会进一步同居民联系，也要留下机构联系方式。

2. 会议技巧

（1）会议前

明确开会目的，准备会议议程和会议所需文件资料，邀请和确保会议关键人物出席会议，布置会场、设备准备和座位安排；会议前10分钟检查设备，提醒重要人物列席，与居民打招呼等。

（2）会议中

按照会议议程一项一项地讨论，适当分配发言和讨论的时间；主持人不应该急于回应，应将意见抛回大家回应、讨论，协助与会者多沟通意见，多回应其他人的意见；讨论成熟后协助做出决定，会议要有效率。

（3）会议后

让所有参与者清楚会议的决定；明确立即要做的事情，把重要内容和决定告诉没有参加会议的人；尽快做好会议记录，并分发给相关人员。

（4）行动

根据会议的决定，落实工作；如果有突发情况，要考虑召开紧急会议或征询意见；要及时将工作进展告诉居民。

3. 居民骨干培养技巧

（1）鼓励参与

社会工作者应邀请有能力的居民参与社区事务。

（2）建立民主领导风格

积极培养社区骨干的民主意识，多组织居民会议，共同协商处理社区问题。

（3）培训工作技巧

根据居民骨干的能力给予适当的培训。

（4）增强管理能力

社会工作者应强化居民骨干的权责分工意识，让他们认识到只有分工合作，才能做好社区工作。

三、任务解决

青少年主要表现的问题是群体性问题，即有违法犯罪的倾向，究其原因主要是社区环境比较差，没有形成良好的环境氛围，没有给青少年好的影响。

从技巧上看，可以通过居民会议的形式进行方案的沟通，促使青少年的改变与成长。同时，可以通过培养青少年优秀精英的方式进行生命影响生命的教育，推动群体的改变与成长。

必备知识

目标实现程度的测量方法与技巧

1. 目标核对表

在有些情况下，社会工作的目标行为比较难以清楚界定，此时社会工作者和服务对象可以共同协商选择一些目标来指示介入的方向，并将它们罗列出来。

在工作介入过程中和介入结束时都用一些等级尺度来衡量和记录介入后的行为，讨论这些行为对服务对象的意义。这样就可以发现介入前后服务对象的行为变化。

2. 个人目标尺度测量

社会工作的服务对象千差万别，因此工作者和服务对象可以设定非常个人化的测量尺度来评估他们的改变情况。

方法：按照服务对象的具体情况，分别确定几个目标，然后使用一个大家认可的等级尺度，例如5级制，来测量和计算服务对象实现个人化目标的情况。

拓展训练

某社区服务中心开展了相应的规划调整，计划为居民开辟社区健身场所。但是健身场所的开辟可能会涉及某些居民的切身利益，诸如需要拆除自家的绿地，小仓库等。社工小李打算通过召开居民会议的形式，解决该问题。

问题思考：

社工小李在召开居民会议时应注意的问题，可以使用什么技巧？

推荐阅读

甘炳光等．社区工作技巧．香港：香港中文大学出版社，2010.

参考文献

1．陈为雷．社会工作行政．北京：中国社会出版社，2010

3．全国社会工作者职业水平考试教材编写组．社会工作综合能力（中级）．北京：中国社会出版社，2013

3．全国社会工作者职业水平考试教材编写组．社会工作综合能力（初级）．北京：中国社会出版社，2010

4．朱眉华．文军．社会工作实务手册．北京：社会科学文献出版社，2006

项目三　青少年服务

内容导航

　　青少年是人生理发展的第二个高峰期，也是心理上的第二个叛逆期。生理和情感上的剧烈变化使青少年身心出现了巨大飞跃和不平衡，导致青少年易受情感困扰。本章将阐释引发青少年问题的主要原因，介绍青少年社区服务的主要内容和方法，最后介绍解决青少年问题的一些方法。

任务一
评估青少年身心发展状况

学习目标

> **知识目标**：青少年生理特点、青少年的心理特点、青少年的社会性特点和青少年常见的问题及成因。
>
> **能力目标**：能够简单评估青少年的身心发展健康水平，判断能否接案还是进行转接。能够分析出可能引发问青少年问题的生理、心理、社会方面的原因，形成评估报告。

工作任务描述

> 萌萌今年14岁，初中二年级，身高154厘米，体重只有36千克。她看上去已经很瘦了，可是她每天总是不停照镜子，并且嫌弃自己太胖了。家里人无论给她做什么饭，她都没有兴趣吃，无论怎样劝说，她都不肯吃饭。父母每次尝试和她沟通，最后都是以争吵收场。由于长时间节食减肥，萌萌已经停经，看着自己女儿一天比一天瘦弱，萌萌的父母不知该如何是好。
>
> **问题思考：**
> 1. 萌萌的身心发展健康程度如何？
> 2. 造成萌萌厌食症的原因有哪些？

工作任务分解与实施

一、判断个体生理发展水平是否符合其年龄段的正常水平

青春期的发育过程

青春期发育过程		
年龄（岁）	男	女
8～9		子宫开始发育，臀部开始变圆。
9～10		盆骨开始加宽，乳头发育，皮脂腺分泌增多。
10～11	睾丸、阴茎开始增大。	乳房开始发育，阴毛出现。

续表

年龄（岁）	男	女
11～12	喉头增大。	阴道黏膜出现变化，乳头、乳晕突出，内外生殖器发达。
12～13	阴毛出现。	乳头色素沉着，乳房显著增大并成熟。
13～14	睾丸、阴茎急速增大。	初潮（开始为不排卵的月经，不能受孕），腋毛出现。
14～15	腋毛出现，开始变声，睾丸发育完成。	月经变为有规律的，有排卵周期的，有可能受孕。
15～16	精子生成。	变声。
16～18	开始长胡子。	骨骼闭合，停止生长。
18～22	骨骼闭合，停止生长。	

可根据上表判断个体是否存在生理上的早熟或晚熟。女生的早熟，她们身体上的突然变化，乳房过早发育、过早的初潮都会使她们成为班级同学关注的对象，给她们带来很大的心理压力。她们倾向于去寻找年龄更大的朋友一起玩耍，而那些年长的朋友通常是被班级同学排斥的，是一些"坏朋友"。早熟的女生会更加痛苦，甚至会"学坏"。相反的，早熟对男生有着积极的作用，男生会长得更高、更有力量、更聪明，从而受到同学的欢迎；而晚熟的男生则显得瘦小，缺乏吸引力，也因而容易产生心理问题。

二、评估青少年的心理健康状况

心理状况的快速评估可以借助一些心理学的量表，使用最为广泛的是《症状自评量表SCL-90》。它是世界上最著名的心理健康测试量表之一，是当前使用最为广泛的精神障碍和心理疾病门诊检查量表，协助个体从十个方面来了解自己的心理健康程度。SCL-90测验适用对象为 16 岁以上的人群。

症状自评量表（SCL-90）

姓名　　□□□

性别　　1 男　　　　　2 女

出生年月　□□□□□□

文化程度　1 小学 2 初中 3 高中（中专）4 大学（专）　□

填表日期　□□□□□□

注：本表中列出了正常人有时可能会出现的症状，请你仔细阅读每一条，然后根据最近一星期以内下述情况影响你的实际情况，在右边方格中填写你认为合适的数字。

1 分表示没有，自觉无该项症状；

2 分表示很轻，自觉有该症状，但发生不频繁，并不严重；

3 分表示中度，自觉有该症状，其程度为轻到中度；

4 分表示偏重，自觉有该症状，其程度为中到严重；

5 分表示严重，自觉该症状的频度和强度都十分严重。

		没有	很轻	中等	偏重	严重	工作人员评定
		1	2	3	4	5	
S1	头痛	☐	☐	☐	☐	☐	1 ☐
S2	神经过敏，心中不踏实	☐	☐	☐	☐	☐	2 ☐
S3	头脑中有不必要的想法或字句盘旋	☐	☐	☐	☐	☐	3 ☐
S4	头晕或昏倒	☐	☐	☐	☐	☐	4 ☐
S5	对异性的兴趣减退	☐	☐	☐	☐	☐	5 ☐
S6	对旁人责备求全	☐	☐	☐	☐	☐	6 ☐
S7	感到别人能控制您的意思	☐	☐	☐	☐	☐	7 ☐
S8	责怪别人制造麻烦	☐	☐	☐	☐	☐	8 ☐
S9	忘性大	☐	☐	☐	☐	☐	9 ☐
S10	担心自己的衣饰及仪态	☐	☐	☐	☐	☐	10 ☐
S11	容易烦恼和激动	☐	☐	☐	☐	☐	11 ☐
S12	胸痛	☐	☐	☐	☐	☐	12 ☐
S13	害怕空旷的场所或街道	☐	☐	☐	☐	☐	13 ☐
S14	感到自己的精力下降，活动减慢	☐	☐	☐	☐	☐	14 ☐
S15	想结束自己的生命	☐	☐	☐	☐	☐	15 ☐
S16	听到旁人听不到的声音	☐	☐	☐	☐	☐	16 ☐
S17	发抖	☐	☐	☐	☐	☐	17 ☐
S18	感到大多数人都不可信任	☐	☐	☐	☐	☐	18 ☐
S19	胃口不好	☐	☐	☐	☐	☐	19 ☐
S20	容易哭泣	☐	☐	☐	☐	☐	20 ☐
S21	同异性相处时感到害羞不自在	☐	☐	☐	☐	☐	21 ☐
S22	感到受骗、中了圈套或有人想抓你	☐	☐	☐	☐	☐	22 ☐
S23	无缘无故地突然感到害怕	☐	☐	☐	☐	☐	23 ☐
S24	自己不能控制地大发脾气	☐	☐	☐	☐	☐	24 ☐
S25	怕单独出门	☐	☐	☐	☐	☐	25 ☐
S26	经常责备自己	☐	☐	☐	☐	☐	26 ☐
S27	腰痛	☐	☐	☐	☐	☐	27 ☐
S28	感到难以完成任务	☐	☐	☐	☐	☐	28 ☐
S29	感到孤独	☐	☐	☐	☐	☐	29 ☐
S30	感到苦闷	☐	☐	☐	☐	☐	30 ☐
S31	过分担忧	☐	☐	☐	☐	☐	31 ☐
S32	对事物不感兴趣	☐	☐	☐	☐	☐	32 ☐
S33	感到害怕	☐	☐	☐	☐	☐	33 ☐
S34	感情容易受到伤害	☐	☐	☐	☐	☐	34 ☐
S35	旁人能知道您的私下想法	☐	☐	☐	☐	☐	35 ☐
S36	感到别人不理解您、不同情您	☐	☐	☐	☐	☐	36 ☐
S37	感到人们对您不友好，不喜欢您	☐	☐	☐	☐	☐	37 ☐
S38	做事必须做得很慢以保证做得正确	☐	☐	☐	☐	☐	38 ☐
S39	心跳得很厉害	☐	☐	☐	☐	☐	39 ☐
S40	恶心或胃部不舒服	☐	☐	☐	☐	☐	40 ☐

		没有	很轻	中等	偏重	严重	工作人
		1	2	3	4	5	员评定
S41	感到比不上他人	☐	☐	☐	☐	☐	41 ☐
S42	肌肉酸痛	☐	☐	☐	☐	☐	42 ☐
S43	感到有人在监视、谈论你	☐	☐	☐	☐	☐	43 ☐
S44	难以入睡	☐	☐	☐	☐	☐	44 ☐
S45	做事必须反复检查	☐	☐	☐	☐	☐	45 ☐
S46	难以做出决定	☐	☐	☐	☐	☐	46 ☐
S47	怕乘电车、公共汽车、地铁或火车	☐	☐	☐	☐	☐	47 ☐
S48	呼吸有困难	☐	☐	☐	☐	☐	48 ☐
S49	一阵阵发冷或发热	☐	☐	☐	☐	☐	49 ☐
S50	因为害怕而避开某些东西、场合或活动	☐	☐	☐	☐	☐	50 ☐
S51	脑子变空了	☐	☐	☐	☐	☐	51 ☐
S52	身体发麻或有刺痛感	☐	☐	☐	☐	☐	52 ☐
S53	喉咙有梗塞感	☐	☐	☐	☐	☐	53 ☐
S54	感到没有前途、没有出息	☐	☐	☐	☐	☐	54 ☐
S55	不能集中注意力	☐	☐	☐	☐	☐	55 ☐
S56	感到身体的某一部分软弱无力	☐	☐	☐	☐	☐	56 ☐
S57	感到紧张或容易紧张	☐	☐	☐	☐	☐	57 ☐
S58	感到手或脚发重	☐	☐	☐	☐	☐	58 ☐
S59	想到死亡	☐	☐	☐	☐	☐	59 ☐
S60	吃得太多	☐	☐	☐	☐	☐	60 ☐
S61	当别人看您或谈论您的时候感到不自在	☐	☐	☐	☐	☐	61 ☐
S62	有一些不属于您自己的想法	☐	☐	☐	☐	☐	62 ☐
S63	有想打人或伤害他人的冲动	☐	☐	☐	☐	☐	63 ☐
S64	醒得早	☐	☐	☐	☐	☐	64 ☐
S65	必须反复洗手、点数或触摸些东西	☐	☐	☐	☐	☐	65 ☐
S66	睡得不稳不深	☐	☐	☐	☐	☐	66 ☐
S67	有想摔坏或破坏东西的冲动	☐	☐	☐	☐	☐	67 ☐
S68	有一些别人没有的想法或念头	☐	☐	☐	☐	☐	68 ☐
S69	感到对别人神经过敏	☐	☐	☐	☐	☐	69 ☐
S70	在商店、电影院等人多地方感到不自在	☐	☐	☐	☐	☐	70 ☐
S71	感到任何事情都很困难	☐	☐	☐	☐	☐	71 ☐
S72	一阵阵恐惧或惊恐	☐	☐	☐	☐	☐	72 ☐
S73	在公共场所吃东西很不舒服	☐	☐	☐	☐	☐	73 ☐
S74	经常与人争论	☐	☐	☐	☐	☐	74 ☐
S75	单独一人时神经很紧张	☐	☐	☐	☐	☐	75 ☐
S76	别人对您的成绩没有做出恰当的评价	☐	☐	☐	☐	☐	76 ☐
S77	即便和别人在一起也感到孤单	☐	☐	☐	☐	☐	77 ☐
S78	感到坐立不安心神不定	☐	☐	☐	☐	☐	78 ☐
S79	感到自己没有什么价值	☐	☐	☐	☐	☐	79 ☐
S80	感到熟悉的东西变得陌生	☐	☐	☐	☐	☐	80 ☐

	没有	很轻	中等	偏重	严重	工作人
	1	2	3	4	5	员评定
S81 大叫或摔东西	☐	☐	☐	☐	☐	81 ☐
S82 害怕在公共场所昏倒	☐	☐	☐	☐	☐	82 ☐
S83 感到别人想占你的便宜	☐	☐	☐	☐	☐	83 ☐
S84 为一些有关"性"的想法而很苦恼	☐	☐	☐	☐	☐	84 ☐
S85 认为应该因为自己的过错而受到惩罚	☐	☐	☐	☐	☐	85 ☐
S86 感到要赶快把事情做完	☐	☐	☐	☐	☐	86 ☐
S87 感到自己的身体有严重问题	☐	☐	☐	☐	☐	87 ☐
S88 从未感到和其他人很亲近	☐	☐	☐	☐	☐	88 ☐
S89 感到自己有罪	☐	☐	☐	☐	☐	89 ☐
S90 感到自己的脑子有毛病	☐	☐	☐	☐	☐	90 ☐

计分方法

(一)总分

1. 总分是90个项目所得分之和。总分超过160的，提示阳性症状。阳性项目数超过43的(43项2分以上)，提示有问题。

2. 总症状指数，也称总均分，是将总分除以90(＝总分/90)。

3. 阳性项目数是指评为2～5分的项目数，阳性症状痛苦水平是指总分除以阳性项目数(＝总分/阳性项目数)。

4. 阳性症状均分是指总分减去阴性项目(评为1的项目)总分，再除以阳性项目数。

(二)因子分

SCL-90包括9个因子，每一个因子反映出来访者的某方面症状的痛苦情况，通过因子分可了解症状分布特点。因子分＝组成某一因子的各项目总分/组成某一因子的项目数。共有10项因子。

1. **躯体化**：包括1，4，12，27，40，42，48，49，52，53，56，58，共12项，该因子主要反映身体的不适感，包括心血管、胃肠道、呼吸和其他系统的主诉不适和头痛、背痛、肌肉酸痛以及焦虑的其他躯体表现。

2. **强迫症状**：包括3，9，10，28，38，45，46，51，55，65共10项，主要指那些明知没有必要，但又无法摆脱的无意义的思想、冲动和行为；还有一些比较一般的认知障碍的行为征象也在这一因子中反映。

3. **人际关系敏感**：包括6，21，34，36，37，41，61，69，73，共9项。主要指某些个人不自在与自卑感，特别是与其他人相比较时更加突出。在人际交往中的自卑感，心神不安，明显不自在，以及人际交流中的自我意识，消极的期待亦是这方面的典型症状。

4. **抑郁**：包括5，14，15，20，22，26，29，30，31，32，54，71，79，共13项。苦闷的情感与心境为代表性症状，还以生活兴趣的减退，动力缺乏，活力丧失等为特征。以反映失望，悲观以及与抑郁相联系的认知和躯体方面的感受。另外，还包括有关死亡的思想和自杀观念。

5. **焦虑**：包括2，17，23，33，39，57，72，78，80，86，共10项。一般指烦躁，

坐立不安，神经过敏，紧张以及由此产生的躯体征象，如震颤等。测定游离不定的焦虑及惊恐发作是本因子的主要内容。

6. 敌对：包括 11，24，63，67，74，81，共 6 项。主要从三个方面反映敌对的表现：思想，感情及行为。其项目包括厌烦的感觉，摔物，争论直到不可控制的脾气暴发等各方面。

7. 恐怖：包括 13，25，47，50，70，75，82 共 7 项。恐惧的对象包括出门旅行、空旷场地、人群、公共场所、交通工具等。此外，还有反映社交恐惧的一些项目。

8. 偏执：包括 8，18，43，68，76，83，共 6 项。本因子是围绕偏执性思维的基本特征而制订，主要指投射性思维，敌对，猜疑，关系观念，妄想，被动体验和夸大等。

9. 精神病：包括 7，16，35，62，77，84，85，87，88，90，共 10 项。反映各式各样的急性症状和行为，有代表性地视为较隐讳，限定不严的精神病的指征。此外，也可以反映精神病行为的继发征兆和分裂性生活方式的指征。

此外还有 19，44，59，60，64，66，89 共 7 个项目未归入任何因子，分析时将这 7 项作为附加项目或其他，作为第 10 个因子来处理，以便使各因子分之和等于总分。

SCL-90 因子全国分常模

项　　目	平均值	标准差	临界值(超过临界值提示可能存在问题)
躯体化	1.37	0.48	2.33
敌对性	1.46	0.55	2.56
强迫	1.62	0.58	2.78
恐怖	1.23	0.41	2.05
人际关系	1.65	0.61	2.87
偏执	1.43	0.57	2.57
抑郁	1.5	0.59	2.68
精神病性	1.29	0.42	2.13
焦虑	1.39	0.43	2.25

分数解释：

1. 即使是认真完成这个测验，你得到的结果也可能有误差。比如说，测验的信效度区分度、本身有问题；被测试者没有完全理解测验的指导语；在完成量表的时候有人干扰；没有在规定的时间内完成测验。

2. 可能反映你最近的一些心理状况。这个测量适用于中国 16 周岁以上的人群。超过 160 分，你可能会觉得心理有某些问题。超过 200 分，是有中度症状。超过 250 才有比较严重的心理问题。2～2.9 为轻度，3～3.8 为中度，3.9 及以上为重度(解释单项因子的意义)。

3. 测验的分数可能只代表你最近的状态，需要科学合理地理解这个分数的意义。如果你觉得不适，要寻求专业的心理帮助。

除了用 SCL-90 进行快速评估外，在评估青少年心理健康方面还要特别注意其他一些问题。"青春期的正常是通过不正常体现的"，安娜·弗洛伊德曾这样描述。青春期的少男少女叛逆、情绪极端、易与父母发生冲突是正常的表现，大多不是心理不健康的表现。

三、评估青少年的社会交往状况

考察青少年的人际关系网络，可以通过与家长或老师访谈来了解个体在学校和家庭的表现，也可以通过询问同学或邻里的方式从侧面了解个体的人际交往状况。老师和同学都涉及保密问题，若不是特殊情况，尽量不要去询问他们。人际关系方面主要是询问朋友的数量，亲密程度，朋友在学校内的情况以及有无交往密切的异性等。此外很重要的一点是考察个体与父母之间的关系，以及家庭成员间的关系等。

四、青少年期的主要问题及其成因

青少年期"不正常"表现的主要原因有以下几点。

(一)生理发展高峰期造成的心理脱节

青春期迎来的生理发展的第二个高峰期，青少年的身体出现了非常迅速且巨大的改变，青少年的心理发展并没有完全成熟，很难适应生理上的巨大变化。尤其是女生，突出的胸部让很多女生感到难为情，经常含胸驼背，甚至夏天也不愿脱下秋季校服更换夏季校服。身体意象也是青春期少男少女极为在意的一件事情。身体意象指一个人对自己的身体即生理表象所形成的情感、态度、主观看法等。青春期女孩子皮下脂肪增多，很多女生在青春期体重增加，看起来胖乎乎的。一些女生因为别人一句话"你的腿太粗了"开始节食减肥，严重的甚至患上厌食症。男生的发育除了外在比较明显的胡子和喉结，主要的成熟体现在睾丸和阴茎的发育，一些男生发育得比较慢，担心自己的阴茎过短，产生焦虑的心理。

男生女生的性成熟带来了性冲动，心智的不成熟使男生和女生羞于表达自己对异性的强烈的好奇心。找不到合适的渠道满足自己对异性的好奇，一些人开始购买不健康读物，还有一些个案因为自慰产生强烈的羞耻感而产生心理问题。不论在学校还是在家里，青春期的少男少女很难通过正当的渠道了解异性和性行为相关知识，导致过早发生行为。

(二)心理发展的第二个叛逆期

青春期是人类自我意志发展的第二个叛逆期，其自我意识特点表现为强烈关注自己的外貌和风度，深切重视自己的能力和学习成绩，强烈关心自己的个性成长，有很强的自尊心，易产生挫折感。

在第二个叛逆期中，青少年更加强调和成人享有平等的权利。强烈的成人感是的青春期青少年为争取独立自主意识的抗争，观念上的碰撞导致孤独感、压抑感增强。有时反抗的形式比较强烈，表现为与父母发生争吵或是离家出走。这些都说明青少年自身在心理上认为自己是个成年人，但是毕竟他们的社会经验尚浅，心智发育还没有成熟，这两者之间的不平衡，造成了青少年的叛逆和孤独感。

(三)自我控制能力尚未完全发展完成

法律上，未满16周岁的青少年被认定为没有完全的民事行为能力。这也能够看出青少年容易情绪极端，极易受到周围环境的影响，无法完全控制自己的行为。无论是青少年犯罪、青少年上网成瘾或是青少年药物成瘾，都与青少年不完全的自控能力有关。当然除了个人因素之外，家庭和社会环境对青少年的发展也产生了很大的影响。

必备知识

青少年生理发展特点、青少年心理发展特点及社会交往的特点。

拓展训练

小李是本市重点高中直升班中的尖子生，数理化成绩突出，为人彬彬有礼，老师和同学都很喜欢他。在一次数学竞赛中，小李结识了同一赛组的女生淑玲，两人因共同的爱好走得很近，经常一起学习并产生了好感。在面临高考的关键时刻，淑玲以学业繁重没有时间为由，突然不再与小李来往。为此，小李的情绪波动很大，精神状态很差，无心学习，家长和班主任都很担心。情急之下，小李的母亲向社工小丁寻求帮助。

问题思考：

案例中的"小李"出现了哪些问题？

推荐阅读

王瑞鸿. 人类行为与社会环境. 上海：华东理工大学出版社，2002

任务二
选择适当的社区服务方式

学习目标

知识目标：青少年社区服务的分类及其要求。青少年个案社会工作的方法与技巧、青少年小组社会工作的方法与技巧、青少年社区社会工作的方法与技巧等。

能力目标：能够根据社区青少年自身特点，运用社会工作的专业方法，开展有针对性的青少年社区服务。

工作任务描述

刘新，新入职的社区工作者。在日常工作和走访中，发现一些青少年上网成瘾问题比较严重，还有一些青少年经常上课时间在社区游荡。一些青少年的家长向社区反映孩子放假在家没事情做，总是看电视，家长很担心孩子的视力，但是没有时间管理。小区中一些门店和商铺的孩子，还有一些打工子弟，都是高中生了，见了人还躲躲闪闪的，很怕和生人说话。还有一些登记在案的贫困户或低保户，做家庭情况调查的时候发现，一部分家庭的孩子学习成绩不好，没有学历，找不到工作。他作为社区工作者，希望能够为这些青少年提供一些服务，但是不知该如何开展。

问题思考：

1. 刘新可以提供的社区服务有哪些？
2. 为刘新做一个工作计划表。

工作任务分解与实施

一、评估社区内的青少年需求

在实际工作中能够发现社区中的一些问题，应该收集这些问题，并对问题进行进一步的调查和研究。可以通过调查的方式，考查青少年的基本需求、特殊需求和现存问题，对这些需求做一个排序，这样可以在社区资源有限的情况下满足青少年最紧迫的需求。

二、争取资源，为青少年建立活动场所和学习环境

青少年的思维能力处于一生之中的最佳水平，但是由于条件所限，家长没有时间、生活条件不富裕或是融入城市生活困难等环境因素，限制了青少年的积极发展。调动和争取资源完善社区环境，可以使更多的青少年和他们的家庭受益。如在社区内建立青少年服务中心、学校、图书馆、少年宫、博物馆等。逐步改善环境，扩大机构规模，让青少年有更多机会学习和丰富课余生活，同时配备专业社工参与与青少年的互动活动中，会使青少年有更好的发展，比如联合社区在周末为青少年组织活动。

三、加强宣传教育，争取广泛支持

让社区居民重视青少年的需求和成长，也鼓励孩子的家长积极参与青少年活动，了解他们的心声，加强与他们的沟通和交流。有条件的父母也应该为社区服务站争取更多的资源。服务站也应和学校广泛接触，同学校结合起来，共同保证青少年的健康成长。

四、建立社区青少年网络化沟通平台，开展线上和线下服务

首先，建立对外公开发布的官方网站或是微博、微信交流平台；其次，与教育机构、有关社区组织形成联系，争取更多机会和资源；再次，和周围社区形成网络联系，这样可以形成资源共享和经验交流，有助于青少年的人际沟通和交往；最后，维持线上交流、展示的功能，社区工作者要定期查看线上信息，筛选出有特殊需要的个体，开展线下的一对一干预或其他服务。

五、撰写项目计划书

开展项目之前要争取资源，需要撰写项目计划书，项目计划书要包括项目的意义、目的、开展的具体方法、需要的资源、开展服务日程安排，评估方法以及应急预案等。

以下为项目计划书案例。

社区青少年服务项目计划书

一、服务立项

(一)项目名称：社区青少年社会工作服务

(二)服务对象：碧江区"社区青少年"

(三)服务时间：2014.5.26—2014.6.26(共一个月)

二、项目背景

(一)问题与需求评估

1. 由于现在的孩子大多都是独生子女，父母对他们都比较溺爱，需要的东西父母都会满足，对父母形成依赖，导致很多青少年都不能独立自主，有些甚至变成啃老族，导致毕业后长期找不到工作，变成闲散青少年和失业青少年等。

2. 现在很多家庭父母要不外出打工，要不就是双职工，没时间管教孩子。孩子与父母相处时间特别少，导致很多问题的出现。同时由于对孩子缺乏管教，很多青少年沉迷

于网络暴力游戏。法律知识的缺乏还导致很多青少年犯罪。

3. 因为现在辍学的青少年越来越多，辍学后有的在社会上闲散着，出现了边缘青少年，同时导致很多社会问题，比如青少年犯罪。

4. 由于我国的教育基本属于应试教育，只重视学业，不重视体育锻炼，很多青少年体质越来越弱，同时也养成很多青少年不喜欢体育锻炼的习惯，导致体质越来越不达标。

5. 因为我国贫富差距越来越大，有些青少年家庭比较贫困，形成了城市青少年弱势群体。

(二)介入理念与理论

1. 社区青少年教育服务

我国社区青少年群体的一大特征是"无法就学"。需要针对社区青少年的群体特征，有针对性地开展适合各种特征的科学的青少年教育。比如：道德观教育、法制教育、身心健康教育、价值观教育等。

2. 社区青少年心理援助

青少年时期是人一生中心理上的暴风骤雨时期。如果青少年心理与生理不能同步发展，会导致心理发展的滞后。主要表现为认知偏差、情绪困扰、人格障碍、人际交往障碍等。需要我们帮助他们形成正确的社会认知和自我认知；对他们进行有效的情绪辅导；对已经出现人格障碍的青少年应及时矫正；帮助他们建立良好的人际关系。为社区青少年提供和谐的生活环境。

3. 社区青少年行为矫正

有些青少年容易表现出来一些行为问题，比攻击行为、网络成瘾、吸烟酗酒、药物滥用、犯罪等，这些方面的行为表现使他们成了问题青少年和边缘青少年群体。因此，我们需要以社区青少年个案为对象，开展个案辅导：以社区青少年家庭为对象，开展家庭辅导；以社区团体为对象，开展小组辅导；以整个社区为对象，开展社区工作，为社区青少年成长和发展提供一个优越的社区环境，并帮助他们实现自己的人生目标。

三、项目目标

(一)总目标

推进社区青少年的思想道德教育，不断增强社区青少年思想道德教育的针对性和有效性，积极引导社区青少年树立正确的世界观、人生观和价值观。

(二)分目标

1. 了解社区青少年的基本情况，关注社区青少年不同层次的需求。

2. 开展教育活动，对自己的行为有客观的认识，提升他们的自信心和自助能力。

3. 心理情绪疏导，开展相应的心理辅导，培养良好的情绪智力。

4. 对已经出现的青少年人格障碍进行矫正，帮助其尽快回归社会。

5. 整合资源(社区、家庭、同伴)，为社区青少年提供和谐的生活环境，帮助其确立正确的人生目标。

四、活动安排

(一)招募阶段(2014.5.26—2014.5.28)

1. 在社区办公处张贴海报。

2. 散发宣传单。

3. 社区工作人员在当值时告知社区青少年参加。

4. 我们在和工作人员一起调查时亲自邀请社区青少年参加。

5. 根据小组性质进行组员筛选。

(二)小组开展阶段 (2014.6.1—2014.6.21)

1. 第一次小组活动：小组成员和两个工作者相互认识并说明小组规范。

2. 第二次小组活动：对小组成员进行思想道德教育和行为矫正。

3. 第三次小组活动：对小组成员进行行为矫正反馈。

4. 第四次小组活动：工作总结及组员反馈。

(三)资源整合阶段(2014.6.22—2014.6.24)

整合资源(社区、家庭、同伴)，为社区青少年提供和谐的生活环境。

五、所需资源

1. 宣传海报

2. 小组活动室一间

3. 督导一位

4. 礼品

5. 宣传单

6. 电脑

六、活动预算

支出项目	数量	金额
海报	2	80
车费	6	240
水	待定	100
宣传单	若干	40
礼品	若干	100
活动材料	若干	100
总计		660

七、监督与评估

(一)评估内容

1. 项目策划评估，由社工小组督导对项目策划的可行性进行评估。

2. 过程评估：评估社区青少年的生活态度和心理变化情况。

3. 成效评估：评估服务的效果、服务对象改变情况、满意度，评估服务指标完成情况，评估项目人力、资金投入情况等。

（二）评估方法

1. 项目策划评估：采取征求民政部门和居民意见等方法进行。

2. 过程评估：观察社工的活动记录与服务对象每次的活动评语，或是通过现场的观察进行评估。

3. 成效评估：督导对项目指标完成情况，人力、资金投入情况进行审核，通过直接采访或者问卷调查了解服务对象对服务的满意度等。

八、预测遇到的问题及应对方法

遇到的问题及困难	解决方法
项目策划不合理	通过小组讨论和听取居委会的意见对服务项目进行修改。
资金不足	与居委会协商；拉赞助。
无法完成预期目标	找出无法完成的原因；与居委会协商调整或者延长方案。
服务时间青少年拒绝参与	做好宣传和思想工作。
组员与组员产生冲突	工作者及时调节，加强思想教育。

六、开展具体服务

社区工作一般可分为发展性青少年服务、预防性青少年服务、治疗性青少年服务。

（一）发展性青少年服务

发展性青少年服务是指能够发展社会资源和青少年潜能，使青少年的生活能力得到增强的社会工作服务。其主要内容包括以下几个方面。

1. 提供青少年休闲场所。

2. 举办并设计各种活动，使青少年学习并建立正确的人生目标、做事负责任的态度、领导及创造能力。

3. 提供国内外时事信息的服务，使青少年了解世界发展的趋势，明确自己应扮演的角色。

4. 提供青少年发展中的生理、心理、情绪、行为、人际交往、社会适应等各方面的知识性辅导服务，拓展人际关系、法律常识、性教育、生理保健的相关知识与能力。

5. 提供就业信息及就业辅导服务，拓展青少年的就业能力等。

（二）预防性青少年服务

预防性青少年服务是指通过社会工作的各类服务，对一些潜在的，阻碍社会功能有效发挥的条件和情境进行早期发现和控制。其主要内容包括以下几个方面。

1. 改善青少年家庭生活环境，为青少年提供服务，提供对青少年父母亲的教育服务，提升父母教导青少年的技巧。

2. 改善青少年学校生活环境，加强学校对不适应学业的学生的课外辅导、技艺训练、发展补充性课程及相应活动。

3. 改善青少年社区生活环境，加强社区各组织在青少年社会工作中的合作，整合各类社区资源，为青少年发展提供良好的社会支持。

4. 探索建立学校、家庭、社区良性互动的青少年社会工作服务模式。

5. 倡导有效的青少年服务和发展政策等。

（三）治疗性青少年服务

治疗性青少年服务是指运用各类专业方法，协助青少年回归到正常的生活轨道上来。其主要内容包括以下几个方面。

1. 提供就学或生活补助，帮助有困难家庭的青少年健康成长。

2. 提供对被忽略或受虐待的青少年的保护服务。

3. 提供安全保护、收容服务及不适合家庭居住的青少年安置服务。

4. 提供在身体、情绪、精神等方面功能失调，以及社会人际适应不良等方面的治疗性服务。

5. 提供犯罪青少年及过失青少年的矫正服务，尤其注重社区层面的服务。

社区最开始的任务属于治疗型服务（如，针对失足青少年、失业青年等展开的服务），随着社工理念的引入，社工专业方法的推广，逐渐扩大到补救型（课余托管服务、接送孩子上下学）和预防型的服务（青春期生理及心理教育咨询服务）。三位一体的社区青少年服务不仅可以进一步满足青少年的多种需求，也能更好实践以人为本，科学发展的理念。

工作初期，可进行一些尝试性的服务，再逐渐发展为专业化青少年服务。在政府对社工投入很大的背景下，可以引入社会工作机构，通过政府购买项目的方式，由专业的社工机构完成对青少年的服务。此外，社区工作者也应该进修学习社会工作专业方法，将社会工作的专业方法和助人自助的理念应用于社区青少年服务管理中。在社区建立青少年成长档案，关注每个青少年的需求和情况，让青少年面临的问题得到最佳的解决和补救。

七、项目的执行

运用个案、小组和社区工作三大工作方法，开展具体服务。社会工作者着重在提升青少年的能力、改善支持关系、优化同辈群体、整合社区资源、优化社会环境等方面开展各类介入和行动。这几个方面基本上是遵循人与环境互动的视角而开展的服务介入。对青少年来说，其家庭、同伴、社区、社会等各方面给予的支持越多，青少年就越容易建立各类社会联结，其抗逆力及适应社会的能力也就越容易提高。为达到青少年服务的有效介入，个案工作的主要模式的运用就成为社会工作的基本要求。心理社会治疗模式、认知行为模式、家庭治疗模式、任务中心模式、生态系统模式、增权模式等都在青少年服务中有非常广阔的运用空间。

八、及时进行服务评估和反馈

无论是社区工作者为青少年提供服务还是委托专业社工机构开展服务，服务结束后，要对现在已进行的活动和服务做效果评估，不仅要考察现有工作是否有效，是否满足青少年的需求，还要看工作中需要改进的地方，以备及时修正和补足。

必备知识

一、青少年研究相关理论

(一)社会次文化理论

社会次文化理论认为某些人认同团体或小团体的特有的价值体系,这些价值体系可能与一般社会所能接受的价值体系不仅有异而且不相容。若一些青少年的言行无法符合一般社会标准,他们会被社会排斥,成为社会适应困难者。他们慢慢聚集起相同利益和命运的小团体,且认同他们共同能接受的价值体系,渐渐形成次级文化,并合理化其偏差行为,共同以反社会行为来应付和解决其遭遇的适应困扰问题。

(二)社会互动理论

社会互动理论是运用社会学的互动理论解释犯罪原因的一种理论。社会互动论者认为,当社会活动的参与者共同具有某些象征时,相互作用中的矛盾和问题就会少一些;反之,当他们之间没有共同象征时(如警察和罪犯、非越轨者和越轨者之间),就会造成问题和冲突。这一理论关注越轨者怎样看待自己、怎样形成自我印象,并发现人们通过与他人的相互作用,可以学会解释自己活动的方式,而这种方式对他们今后的行为有深远影响。社会互动论者布卢默然尔就相互作用的过程提出了三项基本前提:一是人们根据事物对自己所具有的意义,采取相应的态度;二是意义不是一种事物内的性质,也不能在一个人的思想或心理组织中测定意义的来源,意义来源于人际的相互作用;三是意义在一种相互作用过程中得到应用。将这一理论运用于犯罪学,社会互动论者认为:年轻人变成了犯罪人,是因为他被认定为坏人,也因为人们不相信他是好人。这就从社会互动论引申出"标签理论"。

(三)标签理论

标签理论的基本观点是:没有一种行为是天生偏差的,偏差是要定义的。不同的人会把不同的行为标记为偏差。标签理论者相当注重少年犯罪者被逮捕及受审判后的烙印影响。并认为少年犯错在所难免,而他们的犯罪行为之所以会加重是由于警察、法官或司法系统所加给他们的负面影响。他们认为偏差有两种,初级偏差和次级偏差。初级偏差是指未被人指认或惩罚的行为,这种行为是相当普遍的。次级偏差是司法人员及一般社会人士对偏差少年初级偏差行为的反应而形成的。

标签理论讨论的重点是次级偏差行为。它认为标签的过程犹如一种烙印,是一种强烈的负面看法,会使个体改变自我意识,并陷入"偏差生涯"。标签影响人的自我认同,进而导致更严重的偏差行为。

(四)冲突理论

冲突理论着重研究政府的制度、法律、道德规范等对偏差及犯罪的影响,认为青少年偏差或犯罪是社会不公平等权力团体冲突的产物,认为由于中上阶层掌握控制社会经济的条件,导致下阶层青少年较易发生偏差行为而被标签为犯罪。早期的非激进派冲突论强调，在复杂社会内不同团体的规范会有冲突。而激进冲突理论则认为，现存司法等制度改革并无多大用处，应从整个社会制度及结构加以改进。冲突理论着重从社会结构和制度层面考虑青少年偏差和犯罪问题，但在批判取向的同时，也必须注重该理论的社会基础及在社会现实下的可运用性。

(五)整合理论

整合理论是一种试图把社会学理论中的不同观点进行整合的理论，其目的是避免各个理论的缺陷。整合理论的主要观点如下。

1. 把社会控制理论和社会结构理论进行整合，认为生活在无组织的社会环境中的个人接受社会化过程不足，紧张和被社会隔离的感觉及正常的社会制约关系的弱化导致其拒绝传统的社会价值，参与犯罪亚文化群；因得到犯罪团伙的赞许，进一步强化了犯罪的价值观念，从而更多地选择犯罪的行为。

2. 将紧张理论、社会学习理论和社会控制理论综合在一起，认为社会制约程度的降低以及自己的紧张感会驱使人们寻找同样心态的犯罪团伙，并逐渐依赖犯罪团伙；与犯罪团伙的交往会强化其消极态度，从而导致犯罪行为。

3. 把整合理论进一步整合，提出了多种因素相互作用理论，调青少年犯罪的各种因素是相互作用的，而青少年犯罪本身与这些因素也是相互作用的。由于青少年成长的每个时期中，家庭、学校、朋友的影响是不同的，而每个时期青少年犯罪的结果又反过来影响导致其产生的各种因素，进一步加强了影响青少年犯罪的不利因素，恶性循环的结果是出现了职业性惯犯。

二、青少年社会工作直接方法

(一)青少年个案过程

青少年个案过程由接案和建立关系、预估、计划、介入、总结和评估等阶段组成。

青少年个案工作过程有以下一些特点。

1. 青少年服务中建立关系阶段具有主动性、外展性和技巧性特点。

2. 青少年服务预估的焦点既包括青少年的需求评估，也包括开展专业服务所需要的资源评估。青少年需求主要包括人格特征、自我发展、人际关系、社会适应、社会参与等。其中，家庭关系、同伴关系、知识技能水平等是制约青少年发展的重要因素。解决青少年的发展性问题需要各类社会资源的支持，社会工作者只有在需求及服务资源充分评估的基础上，才能做出合理的专业判断，并制订可行的服务计划。

3. 服务计划的制订必须充分尊重青少年的意愿。服务计划制订的过程也是激发青少年主体意识的过程。服务计划的制订需要青少年的积极参与。通过服务计划制订过程中社会工作者给予的正向回馈与支持，青少年也可以进一步提升其解决问题的能力。

4. 服务计划实施过程中，社会工作者着重在提升青少年的能力、改善支持关系、优化同辈群体、整合社区资源、优化社会环境等方面开展各类介入和行动。这几个方面基本上是遵循人与环境互动的视角而开展的服务介入。对于青少年来说，家庭、同伴、社区、社会等各方面给予的支持越多，青少年就越容易建立各类社会联结，其抗逆力及适应社会的能力也就越容易提高。为达到青少年服务的有效介入，个案工作的主要模式的运用就成为社会工作的基本要求。心理社会治疗模式、认知行为模式、家庭治疗模式、任务中心模式、生态系统模式、增权模式等都在青少年服务中有非常广阔的运用空间。

5. 评估应兼顾结果评估和过程评估。结果评估关注社会工作服务计划是否得到有效实施，服务目标是否已经达到。过程评估属于整体性评估，社会工作者在关注服务计划整体目标是否达到的同时，也要关注社会工作的理论、方法和策略是否有效，服务对象是否发生了变化，这些变化表现在哪些方面，其中最主要的变化是什么；环境改变的预期目标是否达到，这些改变表现在哪些方面，其中最主要的改变是什么；青少年服务对象在服务实施中的表现如何，给予服务过程何种帮助，提出了哪些问题和需要；通过本次服务过程，社会工作者获得了哪些新的体验，形成了哪些新的认知，获得了哪些启示。

(二)青少年服务中的小组工作

小组工作对青少年的改变有非常重要的作用。谢尔顿在《青少年团体治疗——认知行为互动取向》一书中总结了小组工作对青少年行为治疗所具有的功效，

主要表现在以下几个方面。

1. 小组可以为青少年提供同伴增强的机会。同伴给予的经常性的多样的鼓励、赞许，远比成人给予的赞赏更有效。

2. 小组活动过程更能刺激出大多数当事人的真实世界。因此，小组可以帮助组员学习新的观念、行为，并为过渡到现实生活中提供良好的帮助和训练。

3. 小组规范会对规范小组组员的行为起到很好的制约作用。

4. 小组能够提供很多的示范者、行为预演的协助者，小组也可以提供如实验室般模拟练习的机会，这些练习中不同性格的人相互交流和反馈，大家在小组内获得的经验将有助于组员重新建立良好的人际交往和行为习惯。

5. 小组工作为社区青少年建立正向积极的伙伴关系提供了良好的支持，并创造了安全开放的交往环境；小组工作能够给青少年提供良好的社交活动，由此能够增加青少年的社会交往能力，改变他们与社会隔离的封闭状态。

(三)社区工作的主要内容

青少年服务中社区工作方法的内容十分丰富，主要有以下几个方面。

1. 主要工作层面。青少年社区工作主要包括两个层面的工作方向：一是将社区居民组织起来，整合社区内的有效资源，更好地为社区青少年提供服务；二是将社区内青少年组织起来，动员他们参与社区发展，在这个过程中提升青少年服务社会的意识和能力。

2. 主要技巧和方法。当社会工作者在以上两个层面开展社区工作时，社区工作的基本技巧和方法是社会工作者必须了解和掌握的基本知识，包括对社区及社区工作的界定，以及社区工作开展过程中必须掌握的认识社区、建立关系、组织、活动策划、介入模式、评估等。

(四)社会工作方法运用的整合性

青少年的成长性需求包括生理、心理、认知、行为、交往、社会适应等各个层面，因此，回应青少年的需求而开展的服务，也应该是多种方法的整合。社会工作者会根据需要，积极地整合各类资源，促进青少年社会功能的改善与提高。

拓展训练

假如你在某一青少年福利机构实习，该机构专门服务于有偏差行为的青少年。机构督导希望你能够设计一个小组工作服务方案，为10名有逃学、撒谎、偷窃等行为的青少年提供服务。

问题思考：

请针对这一情况，拟订一份小组工作服务方案。

推荐阅读

陆士桢．青少年社会工作．北京：社会科学文献出版社，2010

任务三
青少年社区心理咨询

学习目标

知识目标：心理咨询的基本流程、建立关系的技巧、谈话的技巧。家庭结构治疗理论和方法。

能力目标：能够利用家庭结构疗法，对个案家庭进行有效干预。

工作任务描述

张某，女，23岁，大学学历，××社区的居民。她6岁前与外婆外公在农村生活，过着自由自在的日子，形成了男性气质较强的性格，6岁以后，父母将她接回家，一同生活，父母开始对她的性格进行约束，使她的性格变得扭曲。而且案主有一个各方面都比她出色的弟弟，再加上父母本身就有重男轻女的思想，由于弟弟从小就与父母一同生活，所以对她和弟弟的不平等对待就更加明显，她从小在弟弟的光环中长大。案主初中时与学校老师，同学的关系处理不是十分的恰当，老师曾在全班公开恶言中伤她。大学在校期间，由于转专业带来同辈群体交际不适，并且曾因为激烈的学业竞争有过焦虑症，不开心时有轻度酗酒的习惯。案主大学毕业后，由学习到工作的角色转换给她带来不适，工作中经常遭遇领导的不公正对待，同事间也没有建立良好的工作伙伴关系。这一系列的经历使案主对社会、对自身都极度缺乏信心和勇气，她逐渐封闭自己的内心世界，精神状态也时不时萎靡，情绪经常失控。她感觉到很孤独，生活和工作环境都十分的压抑，但是她又无力改变这一现状，所以她请求社会工作者给予她帮助。

背景资料

张某父亲原来从事法医工作，现在是某政府部门领导阶层，母亲是全职家庭主妇，她还有一个比自己小4岁的弟弟在念职高。父母关系十分融洽，并没有什么矛盾，但是她的父母重男轻女思想较重。在与张某初次接触的过程中，我们能感受到她只是用外在表现出的行为来掩饰着自身极度的自卑。张某虽然现在有一份在银行的稳定工作，收入也十分可观，但是由于本身性格原因，她的人际关系并不是很好，而且她还未适应从学校到工作的环境转化，这也使她的情绪不稳定，对生活态度消极。

问题思考：

1. 张某心理问题产生的原因？
2. 怎样对张某开展心理咨询？

∠ 工作任务分解与实施

一、建立专业关系

目标：运用亲切、真诚、同理心等技巧，建立与张某的专业关系，使张某信任你。邀请张某成为咨询对象，与她签署咨询协议。

1. 自我介绍和关注可能产生的沟通障碍

与来访者进行目光交流，并向来访者介绍自己："你好，我是……（头衔、姓名）。你是……"

察觉是否存在听觉和视觉障碍。如果服务对象没有戴眼镜或助听器，你要询问是否需要。

询问服务对象是否需要改善咨询环境，比如减少背景噪声或调节调节灯光亮度。

交谈时应咬字清楚。

注意来访者是否存在阅读障碍或是文盲。

考虑来访者的年龄、性别、宗教、社会经济地位等。

2. 评估来访者对访谈情景的理解

询问为什么来这里，尤其要了解服务对象是否配合。

你期望在这里发生什么？

你来这里见我之前有何想法和感受吗？

因为我已经和……/从……看过报道，知道你来自……我已经了解了你的一些情况/你为什么来这里/为什么我们正在交谈。

为了……我很愿意和你聊会儿。

3. 获得知情同意

让服务对象对方享有知情权，且本人自愿参加访谈或评估。

向服务对象解释访谈目的，了解并关注服务对象对访谈的期待，需要搜集哪些资料，通过哪些方法来搜集，然后应该做什么；如果生成个案报告，哪些人会读到它。

让服务对象知道，他有权利不参加或可在任何时候退出。

如果服务对象不愿意继续交谈，使用鼓励性言语。

在交谈中，如果你不理解我说的或对我要求你组做的事情心存疑虑，你尽可以打断我。

4. 提炼出最主要的关注/抱怨/问题

你能否告诉我你问什么在这里/来这里/接受评估？

是什么原因让你到我的办公室来？

你最担心的是什么？

你能告诉我发生了什么事情？

你期望我们的面谈如何进行/从面谈中得到怎样的帮助？

5. 归纳服务对象对问题的理解

你认为什么原因导致了这个问题？

你能够解释一下它为何发生，又是何时结束的？

你的问题/抱怨/疾病有多严重？

你期望它能够持续多久？

什么问题导致了你的问题/抱怨/疾病？

你对你的问题/抱怨/疾病有何担心？

你想你应该接受怎样的治疗？

你期望从这个评估/治疗中得到怎样的结果？

6. 对关注/问题划分维度

这件事情发生多久了？（持续时间）

这件事情多久发生一次？（频率）

请回忆上次发生事件的那一刻并告诉我。

是什么导致了它的发生？

你有何感受和想法？

附近还有谁，他们是怎样看待这件事情的？

接下去/后来发生了什么？

这种情况有多典型？

它与第一次发生有何不同？

这个时间可能有什么不同？

7. 结束访谈

你还有其他方面的内容需要补充/告诉我/让我知道/明白吗？

是否还有其他重要/相关/的事项被我们忽略了呢？

对我们今天所做/这项评估/我要写的报告有什么疑问吗？

对下一步/接下去将要发生的事，你有何疑问吗？

下一步……将会在……日通过电子邮件/电话就关于……的事情联系你。

你需要到……与……预约。

很感谢你到这里接受访谈，并让我收集到所需的信息。

很感谢你来到这里和我交流。

我希望你能够从中有所收获。

虽然你今天没有从我们的交谈中获得直接的收获，但是你在专业人员的培训过程或是在收集研究数据的过程中提供帮助，将会使其他与你有相似境遇的人得到帮助。

二、背景资料的收集

治疗师临时成为家庭系统的一分子，适应家庭的规则，并通过语言、姿势和动作与家庭中的每一个成员进行接触，从接触中感受对方对他的接纳和反应。结构式家庭治疗法要求治疗师在进入家庭时，不要被家人所提供的个人问题，如孩子行为不端、厌学等问题牵着走，而是要先了解家庭的结构以及功能失调的交往方式，然后介入改变。

1. 来访家庭的交互作用模式：了解家庭成员间相互交流的方式与倾向如何。目前家庭中的等级结构（父子、母子），以及由此产生的代际界限的状况怎样。在家庭内部是否存在亚系统的结盟关系，例如母亲与某个子女关系很密切，以此来左右家中其他的人际关系。本家庭与外部世界的关系等。

2．来访家庭的社会文化背景：包括家庭的经济状况、家庭处于什么社会阶层、父母的受教育程度、家庭内遵守的某些风俗习惯，以及大家一致的伦理道德观念。

3．来访家庭在其生活周期中的位置：本家庭目前处在何位置，估计有哪些可能的问题与困难。该家庭现在面临的独特情况是什么，能否从家庭生活周期中找到什么线索等。

4．来访家庭的代际间一般结构：父母原来各自家庭的结构情况如何，父母自己在原来家庭中的地位与体验是什么。目前家庭的结构与交流中，有多少是受到父母原有代际间关系的影响。

5．家庭对"问题"起到的作用：了解来访对象已经有什么疾病，家庭与"症状"或"问题"的减轻或加重有何关系。例如父母强迫患儿进食，既可能减少对身体的损害，也可能加剧其诱吐的行为。在问题的消长变化中，家庭起到了什么作用等。

6．家庭当前解决问题的方法和技术：家庭成员面对问题或是其他矛盾冲突时采用什么方法、策略来应付。其效能如何？是否存在不适当的防御机制或投射过程。能否引入一些行为治疗技术解决当前的某些问题。

三、问题的评估与诊断

诊断的目标是收集充足的资料，了解整个家庭功能失调的原因。

家庭结构图

记录访谈过程

案主姓名		性别		年龄		婚姻状况		工作	
家庭住址						联系方式			
求助原因						面谈时间			
1. 基本情况									
2. 面谈经过									
3. 社工印象									
4. 未来计划									
5. 面谈评估									
社工签名									
日期									

四、干预

重演家庭生活场景，引导家庭成员发现家庭中的互动模式，成员的权力结构。打破原有家庭结构，重建家庭系统的交流规则。

本案例中，可以邀请张某一家人来到咨询室，然后让张某描述一个家庭生活中让她不舒服的场景，说出自己的心理感受，咨询师询问其他家庭成员感受，让家庭在互动中发现权力结构和家庭互动方式。然后，打破以往家庭互动方式，邀请爸爸妈妈对张某的话给予尊重，拥抱张某并对她表达关心，由此来打破以往家庭中的互动模式。

五、评估

只要有微小的改变，就算成功。

必备知识

沟通技巧

要做好心理治疗，首先必须有良好的与来访者沟通的能力，也就是洞察来访者心理活动的能力，和让来访者理解你的话语的能力。根据调查资料，成功的心理医生具有一些共同品质，比如真诚关心来访者，对来访者负责。有关资料显示，一个医生的治疗效果好不好，他能不能成为一个成功的心理医生，关键的素质是医生对来访者的态度是否亲切，以及对来访者是否高度负责。下面简略讨论心理医生应如何作为，才能在治疗中得到最好的效果。

囿于传统生物医学模式的医务工作者，容易将目光集中于来访者的疾病，甚至仅仅是来访者的症状，而在不知不觉中忽略了一个重要的事实：他面对的不仅仅是某种疾病或是某个症状，而是一个人。心理医生应营造一种气氛，使来访者有充实感，觉得自己被作为一个完整的人而受到尊重。态度亲切则是营造这种气氛的方法。亲切的医生把来访者"当人看"，而不是把来访者仅仅当作症状的"载体"。不管他对来访者思想和行为有什么样的评价。不管来访者说什么或做什么，他都认为那是来访者整体人格的一部分，因而无条件地加以接受并作为有价值的素材去理解。他对来访者的行为不评论是非，就是说来访者与社会行为准则抵触的言行，他不会提出批评；来访者合乎社会嘉许标准的言行，他也不去赞扬。他也不会越俎代庖，为来访者担负生活责任。也就是说，不要"扮演上帝"。任何时候他都坚持这种亲切、包容而不居高临下的态度。只有这样医生才能正确地表现亲切，使来访者感觉在心理治疗室是安全的，从而能最有效地参与。进一步说，对来访者的尊重不仅是一种态度，同时也是一种技术。尊重意味着医生认为来访者具有自我完善的能力。这种态度促使来访者承担起治疗中自己一方的责任，而不至于形成对心理医生的依赖。

亲切表达出医生对来访者的关注，但不要为了表示亲切而对来访者的困苦展现同情。同情不是亲切。当来访者说了凄凉生活经历时，心理医生通常不应说"太惨了！"或"我很难过"。这类同情话语能表示某种关切，但未必表达了心理治疗所要求的亲切，因为它传达的是心理医生对事件的评价或反应。而在心理治疗中，对来访者的思想感情的关注才是重点所在。对上述情况，既要表达关切，又不失尊重的适当反应是"这事一定让你很难过"（对灾难性经历）或"看来这事让你心烦"（对不那么严重的事件）。这种表述暗示在治疗中来访者的情感态度，才是第一位的。

亲切也不是说医生应扮演一个被动的好好先生，一味地在治疗中努力使来访者不出现焦虑。心理医生的职责是帮助来访者更好地理解自己，而扩展对自己的理解通常不是毫无痛苦的。亲切的医生会避免伤害来访者的人格尊严与完整，但并不排除必要时对来访者思想、情感与行为的合理性正面提出质疑。当来访者的某些行为和基本心态导致了他的心理问题时，敏锐地发现问题，然后通过挑明使来访者正视这些问题的根源，这才是真正的关心。不做这种挑战性努力的心理医生，不能算是具有关心和包容的态度，其实质乃是倨傲敷衍，对来访者并无真诚的关心。

因此，就心理治疗而言，心理医生会对来访者做出评测，会在适当时机质疑来访者的病理言行，但不对来访者整个人作褒贬评判，更不会污辱他。对来访者说"这事做得真蠢"或"你真蠢"，两种表述有天壤之别。前者，如在适当时机以适当方式说出，可以是亲切而建设性的评注。而后者则是人身攻击，不是亲切，只有在极特殊的情况下才有可能使用这种言词。

拓展训练

日常生活中，你有时会见到一种人，对别人的事情过分热心，耗费许多的时间精力过问别人的私事，不管人家需不需要，总想为人家的每一件事出主意。这当然是病态的关心，是占有欲和控制欲的曲折表现。心理治疗中对于亲切态度的分寸掌握也要注意这一点，不要让亲切走得太远而成为占有性的，也就是说不应为来访者决定什么对他最好。但另一方面，医生也不刻意把正常的人类情感冻结起来。如果心理医生说："我要你做的是……"虽然其出发点可能是关心来访者利益，但却是占有性的态度，因为这剥夺了来访者的决定权。这种口吻在行为疗法等某些操作性或指导性的治疗方式中是有效的，对纯言语性的心理治疗，如本书所讨论的，则鲜有成效。但这并不意味着医生必须表现得像个冷血的治疗机器。为了表达亲切态度，心理医生有必要作为一个人（而不是机器）在治疗中出现，要使用"我"字。例如，可以说"依我看这件事你本可以处理得更好些"或"我感觉你心里还有些东西没说出来"。这些表述并未侵犯来访者的权力，却说明医生在借助他的观察技巧和个人印象来努力帮助来访者。一个致力于使自己的语言毫无个人色彩的医师所展示的客观性，在来访者眼里会显得是有意保持距离和漠不关心。

问题思考：

其中哪个部分可以体现出"亲切"的技巧？

推荐阅读

1. ［美］欧文·亚隆. 李敏，李鸣译. 团体心理治疗：理论与实践. 北京：中国轻工业出版社，2010

2. 张亚林. 行为疗法. 贵阳：贵州教育出版社，1999

参考文献

1. 许又新，吕秋云. 现代心理治疗手册. 北京：北京医科大学出版社，2001

2. 张亚林. 行为疗法. 贵阳：贵州教育出版社，1999

项目四　服务社区老人

随着我国社会经济、社会福利政策等社会公共政策的全方位高速发展，从国民生活水平到全民医疗水平，都有了大幅度的提升，人均寿命也在逐年增加。据 2011 年国家权威数据统计，我国 60 岁及以上的老年人口已达 1.26 亿，占总人口的 10％，并且老年人口还将继续以每年 3.2％ 的速度增长。老年人在现代社会中扮演的角色越来越重要，对社会的整体影响力也越来越大，而我们如何真正认识老年人呢，国内外学者对老年人有着十几种不同的界定，他们的理论出发点又各有不同。世界卫生组织和中国卫生部界定，60 岁以上为老年人。本章将从 4 个不同的维度来简单了解老年人。

任务一

老年人的界定

学习目标

知识目标：掌握老年人的界定。

能力目标：掌握世界及中国当前老年人口的发展趋势。

工作任务描述

社区工作者小王在对社区老年人进行普查统计时，发现国外很多国家对老年人的界定是以65岁为年龄划分界线，但我国的老年人划分规定是以60岁为标准界线。他不知道该如何区分，只能机械性的按照国家标准进行分类。

问题思考：

1. 老年人界定的依据？

2. 国际社会对老年人如何界定？

工作任务分解与实施

一、根据年代年龄界定老年人

所谓年代年龄，也就是出生年龄，是指个体离开母体后在地球上生存的时间。西方国家把45～64岁称为初老期，65～89岁称为老年期，90岁以上称为老寿期。发展中国家规定男子55岁，女子50岁为老年期。根据我国的实际情况，规定45～59岁为初老期，60～79岁为老年期，80岁以上为长寿期。1964年我国第一届老年学与老年医学会议中明确规定，男女都以60岁以上为老年期。1980年亚太地区第一届老年学学术会议也规定，60岁以上的人群为老年人。

二、根据生理年龄界定老年人

根据生理年龄界定老年人，即以个体细胞、组织、器官、系统的生理状态、生理功能以及反映这些状态和功能的生理指标确定个体年龄。生理年龄可分为四个时期：出生至19岁为生长发育期，20～39岁为成熟期，40～59岁为衰老前期，60岁以上为衰老期。因此，生理年龄60岁以上的人被认为是老年人。

三、根据心理年龄界定老年人

根据个体心理活动程度来确定个体年龄。心理年龄以意识和个性为主要测量内容。心理年龄分为3个时期：出生至19岁为未成熟期，20～59岁为成熟期，60岁以上为衰老期。心理年龄60岁以上的人被认为是老年人。

四、根据社会年龄界定老年人

社会年龄即根据一个人与其他人交往的角色来确定个体年龄，它反映的是个体社会行为的成熟程度。也就是说一个人的社会地位越高，起的作用越大，社会年龄就越成熟。一般来说，社会年龄分为三个阶段：0～17岁为未成熟期，18～59岁为成熟期，60岁以上为衰老期。社会年龄在60岁以上者为老年人。社会年龄和前面三种年龄并不一致。

五、世界卫生组织新提出的年龄划分法

45岁以下为青年。

45～59岁为中年。

60～74岁为年青的老人或老年前期。

75～89岁为老年。

90岁以上为长寿老人。

六、任务解决

任务中提到的老年人界定主要是依据以上介绍的四种年龄：年代年龄、生理年龄、心理年龄和社会年龄，而且这四种年龄的发展并不是齐头并进的。在人类无法改变的生命年龄的基础上，人们的生理功能、心理状况以及社会行为能力都不尽相同。由此可见，对"老年期"的界定在不同的年龄背景下应该区别对待。尽管如此，我们也看到，这四种年龄都以60岁为起始年龄。因此，我们可以将一般意义上的"老年期"概括为年龄在60岁以上的人所处的生命周期，而60岁以上的人则被称为"老年人"。

必备知识

老年期是人生过程的最后阶段。其特点是身体各器官组织出现明显的退行性变化，心理方面也发生了相应改变，衰老现象逐渐明显。

拓展训练

王老伯今年75岁，是社区中最长寿的老人。他每天坚持锻炼，生活规律，身体非常健康。

问题思考：

1. 从年龄维度考虑，王老伯处于哪一个阶段？

2. 在世界卫生组织的年龄划分中，王老伯属于哪一个阶段？

推荐阅读

1. 范明林. 老年社会工作案例评析. 上海：华东理工大学出版社，2010

2. 张恺悌. 老年社会工作实务. 北京：中国社会出版社，2009

任务二

通过环境系统认知老年人

学习目标

知识目标：掌握不同环境系统中老年人的分类。

能力目标：区分不同类型的老年人。

工作任务描述

近年来，随着中国人口的老龄化趋势，乌镇的老年人口也逐年增加，老龄化尤为严重：截至 2014 年年底，乌镇常住人口总数 57212 人，60 岁以上老年人 14501 人，占总人口的 25.35%；80 及以上高龄老人 2111 人；失能老人 269 人；空巢老人 908 人。

问题思考：

1. 乌镇人口中有哪些类型的老年人？
2. 如何区分各类型的老年人？

工作任务分解与实施

在实际生活中因为生活环境、工作环境、社会环境、教育程度以及人生经历等的不同，老人在老年期之前都过着不同的人生。进入老年期后因为社会环境、文化环境、健康环境、生活环境的不同，也有着截然不同的老年生活。中国社区老年人 60 岁后，进入退休生活阶段，从原先的社会生活圈中渐渐脱离，并尝试融入新的生活圈，从改变固有的生活习惯到改变原有的思维模式，是个既可大又可小的转变。这个转变对老年人的冲击主要受其进入老年生活前的社会地位、社会人际圈的直接影响。老人进入老年生活前社会地位越高、人际圈越广，对自己老年生活的抵触、不适应性越大。以下就从环境的角度简单了解下老年人。

一、社会环境

社会是人类群居生活的载体，是人类各项资源整合的集中地，是人类赖以生存的大型系统环境。对老年人社会环境的狭义定义是：老年人生活中除家庭、亲属之外出现的各类社会环境系统。国外有案例指出，人类在婴儿时期离开社会，进入狼群，由狼群养大，长大后，当人类找到狼孩，他的语言能力、思维能力等都还只是停留在狼的智能范围内，狼孩虽然是人类，但是他完全没有人的社会功能，与动物没有太多的区别。因此，社会环境对人类的生存和发展起着至关重要的作用。当老年人从原有的工作环境中抽身退休，自身周围的社会环境将会有非常大的改变，如何适应新的社会环境，如何在新的环境中找到自己的定位，对老年人来说是最大的挑战之一。

二、文化环境

社会文化环境，尤其是社区整体的文化构建，直接影响老人的生活质量。部分老年人尤其是城市社区老年人，退休后，赋闲在家，由于与子女分开居住等原因，生活相对单一、无兴趣爱好。退休后虽然有非常充足的时间，但却失去了老年生活的目标，对晚年生活无所适从。出于面子问题，老人又不愿意主动找社区内其他老年人沟通交流，这部分老年人内心孤独，无法找到归属感。老年人文化层面的需求无法得到满足，无法融入老年群体，他们往往会把自己封闭起来，将自己从社会环境中抽离，形成自我保护。此为大家普遍意义上的孤僻的老人。

三、健康环境

健康环境即为老年人内在生理、心理健康系统环境，直接影响着老年人每天的饮食起居。进入老年期的老人随着各项身体机能的衰退与老化，对周边生活的控制能力相对减弱，故在健康环境维度对老年人又做了以下简单分类。

1. 健康老人

社区中绝大部分老年人，他们有规律的老年生活，健康的生活习惯，能够自然转换到老年角色。虽然部分老年人因为慢性疾病如高血压、高血糖等，长期处于服药状态，但这并不影响他们健康的生活。

2. 半失能老人

老年人无论男女，在进入老年期后，身体机能逐渐衰退。相关研究表明，老年人进入老年期后基本上都会患有 5 种以上的大小疾病，直接影响老年人的行动能力。还有老年人在进入老年期之前因事故或者残疾等原因造成的行动障碍，失去部分自理能力，需要他人协助才能完成基本的生活功能。

3. 失能老人

因疾病或者重大事故，造成老人在进入老年期之前或者进入老年期之后，某项或者几项身体重大机能出现障碍，导致完全失去行为能力，只能常年卧病在床，丧失基本的生活能力，完全依靠他人照顾才能维系生命。

4. 失智老人

由于重大事故对身体尤其是对脑部器官产生的影响，或者老年人自身的各项身体机能开始衰退，包括感觉、语言、思维等各项器官的功能逐渐衰退甚至丧失，经常会出现行动能力完好，但是心智完全丧失的情况，比如老年痴呆等现象。

四、生活环境

老年人生活环境中，家庭是社会的最小组成单位，也是老年人最主要的生活场所，家庭成员中互相之间的关系直接影响老年人晚年生活的质量与品质。

子女是家庭中最直接影响老年人晚年生活的因素。随着家庭子女的成年、结婚，与老年人同住的现象越来越少，部分老年人只能通过电话与自己的子女联系，长时间无法做到面对面的亲切交流。研究指出，老人长时间处于孤独状态，极易变得性格孤僻。国外研究结果证实，子女的生活状况直接影响父母亲的生活品质。

配偶是老年人生活环境中最主要的伴侣，老年配偶的关系更多体现在双方的归属感上。归属感即为老年夫妻彼此间得到认同，相互分享价值观念和处事观念。和谐的互动也是归属感的来源。归属感建立在认同的观念上，老年夫妻之所以有长期的婚姻关系，相互接纳彼此的行为及想法十分重要。老年夫妻间缺乏认同感，直接影响到他们归属感的形成。

生活中经常会出现身心孤独的老人，这类老人出现孤独现象的主要原因是：进入老年期后，人的社会地位、交际范围等发生巨大的改变，很多老人因为无法适应自身社会角色的改变，或者家庭成员尤其是子女态度的转变，导致老年人不愿意与别人交流，不愿意参加社会活动，整日沉浸在一个人的生活状态中，无意识间构筑了一堵内心屏障，将自身与外界隔离。长此以往，外界与老人的交流越来越少，老人越来越难融入外界环境，形成恶性的封闭循环。

五、任务解决

任务中提到老年人的类型区分，从健康角度出发，除了失能老人、空巢老人、健康老人之外，还有半失能老人和失智老人。

拓展训练

社区李先生今年 65 岁，配偶离异，无儿无女，近期在买菜路上发生交通事故，医生诊断为下肢瘫痪，今后生活需要有人照顾。

问题思考：

1. 从健康环境维度分析，李先生属于哪类老人？
2. 从生活环境维度分析，李先生属于哪类老人？

推荐阅读

1. 邬沧萍．老年社会学．北京：中国人民大学出版社，1999
2. 邬沧萍，姜向群．老年学概论．北京：中国人民大学出版社，2006

任务三

社会维度中老年人常见问题及服务内容

学习目标

知识目标：从社会维度出发，掌握不同类型老年人照顾过程中存在的问题。

能力目标：从社会维度出发，分析不同老年人生活中存在的问题。

工作任务描述

钱阿姨老伴过世早，女儿在外地读大学，平时只有自己一个人生活，每当生病或者家中电器设备需要维修的时候，心里就非常难过，没有人能够帮忙，只能自己解决。

问题思考：

1. 钱阿姨生活中需要哪些方面的照顾？

2. 目前社区可以为钱阿姨提供哪些服务帮助？

工作任务分解与实施

一、空巢老人的照顾问题

空巢老人主要是指子女因工作、结婚、学习等原因离家后，只留老人在家。空巢老人主要包括单居或夫妻双居，因为长期处于无子女在身边的状态，很多人会出现"空巢"综合征。家庭"空巢"综合征常常表现出的症状是心情郁闷、沮丧、孤寂，食欲减低，睡眠失调，平时愁容不展，长吁短叹甚至流泪哭泣，常常会有自责倾向，认为自己有对不起子女的地方，没有完全尽到做父母的责任；另外也会有责备子女的倾向，觉得子女对父母不孝，只顾自己的利益而让父母独守"空巢"。

根据调查显示，"空巢老人中存在心理问题的比例达60％，其中达到疾病程度，需要医学关注、心理干预的空巢老人占10％～20％。"社会针对老年人的电视节目少、健身娱乐设施不足，导致老人的精神生活贫乏。再加之空巢老人社会活动减少、子女关怀不够，极易引发精神疾病。

目前国内社区对"空巢"老人的关注已逐渐提升，但社区合理安抚老人、提供精神慰藉、专门做好此类老人的照顾工作的水平，还有待提高。目前，社区能够为这类老人做到的有组织志愿者、义工不定期探望、安排专人定期走访，但很多社区在操作过程中仅局限于形式，并未做到体系化管理，将"空巢"老人的相关照料列入日常工作范畴。国外有义工制度，组织义工定期看望老人，陪老人聊天，从老人的实际需要出发，真正做到服务"空巢"老人，这些制度值得借鉴。

二、孤寡老人的照顾问题

孤寡老人主要是指无配偶、无子女，且无人照顾、基本失去劳动能力的老人。此类老人在社区中属于最为边缘化的一类，且极容易产生自卑的情绪，常常会因为自身的处境，产生厌世的想法。

孤寡老人因为身边没有人陪伴与照顾，往往生活中的事务都需要自己来承担，从日常的煮菜做饭，到繁重的家务劳动。一些对生活质量要求不高的老人，很容易出现邋遢的生活状态，包括饮食、生理等卫生方面不够注意，小病小痛自然就比其他老年人多。很多孤寡老人在遇到小病痛的情况下，首先会考虑经济问题，再者单独去医院又非常不方便，就医过程中又无人照顾，较多孤寡老人会利用以往的生活经验，采取忍痛不治疗的方式挺过去，而正因如此孤寡老人生活中最容易出现意外。由于孤寡老人生活中并无共同生活的伴侣，遇到病痛如果不能及时就医的话，很容易出现病倒在家中，无人知晓的状况，随时会有生命危险。

目前国家规定此类老人在农村可以作为五保户供养，在城市作为三无人员，享受相应的国家政策。对于生活困难的此类老年人，社区会协助申请医疗救助基金等国家规定的相关福利政策。但对于孤寡老人的精神慰藉和长期照料方面，就像空巢老人一样，社区管理中仍未形成系统的照护体系及运作机制，仍有很大的提升空间。

三、失独老人的照顾问题

家中唯一的子女不幸离世，这样的家庭被称为"失独家庭"。家中的老人即被称为"失独老人"。

按照已有数据，有些机构做了样本统计：中国15岁至30岁的独生子女约有1.9亿，这一年龄段的年死亡率为万分之四，因此每年约产生7.6万个失独家庭。按此统计，中国的失独家庭至少已超百万。

中国的传统家庭观念中，基于养儿防老和传宗接代的考虑，孩子不仅是血脉的延续，也是精神的寄托。对数量庞大的失独家庭来说，他们的情感依赖和养老保障自然就成了一个越发凸显的社会问题。

从传统来看，家庭养老一直是中国最主要的养老方式，但是对失独家庭来说，这"最主要"的养老方式失去之后，他们就只能依赖国家和社会。但是目前社会对失独家庭的帮扶制度并不完善。

在失独老人的帮扶上，国家在2001年颁布了《人口与计划生育法》中，涉及失独群体社会保障的条款为该法的第四章第二十七条："独生子女发生意外伤残、死亡，其父母不再生育和收养子女的，地方人民政府应当给予必要的帮助。"

但是有法律专家分析，这里的"帮助"不是"责任和义务"，而且"给予必要的帮助"这个概念很模糊。在法律上没有一个具体的量化标准，执行起来也有很大的伸缩性。

现行的国家计生特别扶助政策中，对独生子女伤亡家庭每月补贴每人一至两百元，但要求女方年满 49 周岁时，夫妻双方才能同时纳入扶助范围。不过这样的经济救助和年龄门槛对数量庞大的失独家庭来说只能是杯水车薪。

拓展训练

沈师傅年轻时因为身体残疾的问题，一直没有结婚，60 多岁还是自己一个人艰难度日。

问题思考：

1. 沈师傅在日常生活中会遇到哪些照顾问题？

2. 目前社区可以为沈师傅提供哪些服务帮助？

推荐阅读

1. 张恺悌. 老年社会工作实务. 北京：中国社会出版社，2009

2. 卞国风，陈宇鹏. 老年社会工作方法与实务. 北京：北京师范大学出版社，2011

任务四

健康维度中老年人常见问题及服务内容

学习目标

知识目标：从健康维度出发，掌握不同类型老年人照顾过程中存在的问题。

能力目标：从健康维度出发，分析不同老年人生活中存在的问题。

工作任务描述

陈老师退休 20 多年，与子女同住，前几年陈老师在家可以整理家务，烧饭做菜，基本上家务子女都不用担心，陈老师都能全部完成。近几年，由于体力衰弱，已基本不能做家务，有时候连吃饭、睡觉都需要家里人帮助完成。

问题思考：

1. 陈老师生活中需要哪些方面的照顾？

2. 目前社区可以为陈老师提供哪些服务帮助？

工作任务分解与实施

一、高龄自理老人的照顾问题

高龄自理老人主要是指身体健康，生活能够自理的老人。这部分老年人在日常生活中会遇到许多琐碎的问题，例如修理家中损坏的电器设备、更换电灯灯泡等问题。而在社区周边，提供维修家电水管等生活服务的商家相对较少，有的商家能够提供维修材料，但是却不能上门服务，给老年人的日常基本生活带来了不少难题。

目前社区居委会等相关政府机构的工作尚不能辐射到居民基本生活服务方面，对老年人的社区服务尚有待完善。

老年人因为自身的生活习惯及处事原则，偶尔和邻里产生口角，虽然矛盾不大，但会给老年人晚年生活带来不快，影响其生活质量。

社区居委会对邻里问题基本上都会出面解决，但部分问题相对较小，很少会有居民反映到社区居委会，都各自赌气，以互相不理睬的方式长期相处。

老年人白天生活中最常见的安全问题是对家用电器的误操作、家用电器损坏后的漏电现象和厨房煤气的使用。因为身体机能的衰退，慢性疾病常常伴随着老年人的晚年生活。脑血栓、心肌梗死等老年人常见病经常会在老人深夜熟睡时发作。还有部分老年人因为半夜如厕，不小心滑倒磕碰，晕倒在家，发现不及时或者家人处理不当也很容易导致老年人死亡。

社区会组织老年人安全生活讲座，提高老年人的居家安全意识，但不是所有老年人都能参加培训。针对老年人深夜患病的情况，社区基本上没有相关的服务措施，都是由医疗机构直接介入。

老年人进入退休状态后精神文化方面的需要变成了最主要的需求，尤其是失能、半失能的老人。他们在身体行动方面出现障碍，更加想在精神文化方面得到填补。目前中国绝大部分小区的现状是：社区很少组织集体活动，就算组织活动也无法动员很多真正有需要的老年人参加，没有长期有效的活动安排机制。

社区社会工作者的功能尚未发挥出来，部分社区尚未配备专业的社会工作者，社区居委会的工作还仅仅停留于表面的行政事务的处理或者常规性的拜访，家庭矛盾处理，未真正做到服务老年人的精神文化生活。

老年人是目前社会环境中最易上当受骗的人群，由于社会体制以及部分商家的社会责任感缺失，导致很多老年人的个人信息泄露，骗子利用老年人对现代科学技术不够了解以及部分老年人贪小便宜的特性，通过手机短信、电话客服、推销保健产品等手段，诱骗老年人购买假冒产品或者直接骗取钱财，给老人家庭带来了很大的伤害。

社区居委会把老年人受骗问题常年作为重点工作来抓，通过纸质宣传、培训讲座、入户宣传等手段，提醒老年人谨防骗子的各种骗术，但每年还是会有不少老年人上当。

目前社区生活中，只有部分大型社区开设了医疗门诊服务，大部分社区周边只有私营药店。老年人患感冒、磕碰擦伤时，因为考虑坐车麻烦，他们一般不会去大型医院就医，而是自行配药处理，为老年人晚年的健康埋下了不安定的因素。

社区居委会在进一步的落实建立社区简易门诊，但覆盖率尚不能达到社会的整体要求。

老年人家庭暴力问题，所谓家庭暴力并不仅仅指身体上的暴力，现在社会中更大一部分是精神上的虐待，精神上的暴力。失能与半失能老人是老人家庭暴力的主要受害者，因为长时间的贴身照顾，导致照顾者产生心理上的抑郁与烦躁，从照顾之初的悉心体贴，到中期的敷衍抑郁，到后期的烦躁暴力，并非照顾者本来就暴力，很多时候照顾者本人也是受害者。针对老年人的暴力并非仅仅是生理上的，更多的是对老年人的人身攻击与语言上的谩骂，使老年人毫无尊严可言。一部分受暴力的老人，虽然身体自理能力完全没有问题，但是与家庭成员间的关系逐渐恶化，导致正常的家庭关系破裂，很多老人处于弱势地位，最终产生老年人家庭暴力事件。由于子女的过度索取与老年人有限的经济能力，导致子女与老人之间的关系急剧恶化，子女在索取无果的情况下，往往会以暴力的形式逼迫老年人提供经济上的补助，这是一种道德沦丧的行为，但是这种现象仍然普遍存在。

老年人受虐待问题一直是社区居委会的工作重点，凡是社区内有虐待老人的现象，必定严厉处理。中国很多家庭长时间奉行"家丑不可外扬"的原则，老人一般不会将受虐的情况向社区反映。为了维护自身家庭良好的形象，不被别人笑话，往往选择隐忍，但这正是老人家庭暴力恶性循环的开端。

对老年人的赡养一直是中国传统教育的一部分，但很多家庭子女之间纠纷引起的不赡养老人事件屡屡发生，而最终受害的必是老年人。

　　国家已明文规定，子女有赡养老人的职责，老人有要求子女赡养的权利，但出现子女不赡养的情况，老年人很多并不会选择采取法律的手段，怕打了官司，虽然每个月可以拿到几百块钱，但子女与自己的关系也将断得干干净净。这种情况下，社区居委会正是起到了一个中间介质作用，从协调者的角度出发，既顾全老年人珍惜的子女感情，又能劝服子女对老年人尽到赡养义务。

二、半失能老人的照顾问题

　　半失能老人可以分为借助老人和介护老人。借助老人主要是指老人在日常行动中需要依靠拐杖的其他助力才能完成基本的生活功能，但尚不需要有人进行护理服务；介护老人则是特指老人在失去部分自理能力的前提下，需要他人进行护理照料才能完成基本的生活功能。大部分生活在社区中的老年人基本都居住在高层住宅中，尤其是老式住宅没有电梯，行动不便的老年人出行成了一个很大的问题，一个行动不便的老年人如果需要从家中通过楼梯到社区公园散步，需要至少两名成年男子协助才能完成。

　　介护老人在家中的照顾问题，一直是家庭照顾的负担，与配偶一起居住的半失能老人，一般由配偶全权负担老人的照顾问题；配偶已离世的老人，基本由子女轮流照顾，子女工作无法顾及的，则由家庭保姆负责照顾。目前社区半失能介护老人的照顾人员，都没有经过专业的培训。半失能老人的照顾包括：洗浴、如厕、身体活动、穿衣、吃饭等生活琐事。短时间的照顾，子女包括保姆都能适应。但长此以往，很多照顾者包括家人，会滋生对老年人的厌恶，从言语、精神上开始对老年人不尊重，甚至谩骂。对半失能的老人来说，这是人格的践踏，尊严的丢失。最后导致的结果是，久病无孝子，而老人其实也未得到真正的妥善照顾，反而导致了生理、心理上的双重伤害。

　　在半失能老人出行方面社区居委会尚未提供这方面的服务，一般都是在由邻居协助完成或者是志愿者服务过程中完成。志愿者服务基本不定期，而且针对居家老人的志愿者服务相对更少。

　　在老年人居家照顾方面，目前能提供解决办法的只有民营家政公司，社区在这方面的力量相对较弱。国家目前推出的社区综合服务中心，能为半失能老人提供日间的照料，以使其家庭中配偶、子女的日常工作不受影响，晚上接回家中再进行照顾。但目前国家推行日间照料中心的项目，很多实验省份还未真正落实，部分地区也只是做好硬件设施的配置，真正的日间照料服务未能跟上，很多社区的半失能老人仍未能享受到此项政策带来的福利。

三、失能老人的照顾问题

　　与半失能老人相比，失能老人对居家照顾人员的要求更高。除了要做到半失能老人的照顾要求外，还必须全天定期给老人翻身、按摩等。失能老人常常伴随着大小便失禁、脾气暴躁、性格多变等问题，给照顾人员生理上、心理上带来很大的负担，很多情况下就会演变成打骂老人，将老人看作是累赘，全然无视老人的尊严。

　　社区对失能老人的照顾，一般都止于家庭，社区居委会基本都不参与照顾。部分社区会定期前往探望,但大部分社区只是做到数据上的统计,很少顾及此类老年人的照顾问题。

四、失智老人的照顾问题

失智主要是指老人进入老年期后因为身体机能的退化或者受疾病的影响,脑功能下降,在日常行动能力不受影响的情况下,对日常的外界信息无法做出正确的回应,甚至过去的记忆也产生混乱。对此类失智老人的照顾难度更大,他们就像幼童一般,需要全天候跟随,一日三餐、每天如厕情况,都必须在照顾者的可视范围内,因为老人无法辨别可预见性的危险,很容易出现走失、不小心触电、误食药物等问题。对此类老年人的照顾比失能、半失能还要辛苦。很多家庭因为条件较差,家中的劳动力必须外出工作,根本无法顾及家中失智老人的日常照顾问题。家人经常将失智老人反锁在家中,防止其外出走失。这种方法除了能保证老人的一日三餐温饱,对老年人的照顾非常有限。

社区对失智老人的照顾,目前也无能为力,除了定期探望老人外,能做的就只有帮助家属联系相关照顾机构,以便失智老人能得到更好的照顾。

拓展训练

钱大伯与子女同住,但家人都有工作,很少能顾及对他的照顾。他在家需要借助轮椅才能行动,一个人在家的时候只能吃些剩菜剩饭,偶尔会有邻居过来帮忙。

问题思考:

1. 从健康角度出发,分析钱大伯需要哪些方面的照顾?

2. 在对钱大伯的照顾过程中会遇到哪些问题?

推荐阅读

1. 吴华,张韧韧. 老年社会工作. 北京:北京大学出版社,2011

2. 赵学敏慧 老年社会工作理论与实务. 北京:北京大学出版社,2013

任务五

社区的居家养老服务

学习目标

> 知识目标：了解老年人的生活照料服务。
> 能力目标：掌握生活照料服务对老年人生活的意义。

工作任务描述

> 李奶奶今年82岁了，老伴去年去世。李奶奶共生有二子一女，均已成家立业。大儿子15年前留学美国，一家人现在美国定居；二儿子1969年到江西插队落户，早在1978年就调到县城工厂，娶妻生子，现在夫妻俩都在县政府当干部；小女儿从戏剧学院毕业后当了演员，结婚后住在婆家，经常出外景拍戏。李奶奶的三个儿女都很少回来看望她，现在老房子里就李奶奶一人"留守"着。
>
> 问题思考：
> 李奶奶需要哪些日间照料服务？

工作任务分解与实施

一、老人的日间照料服务

老年人由于身体机能的逐渐衰退，免疫力也逐年下降，很多老年人都患有一种或者多种慢性疾病，是社区中最容易受伤的群体。生活照料服务中的社区信息服务平台还提供紧急呼叫服务，预防以及处理老年人突发事件，老年人可随身配置报警感应器。在社区范围内老人摔倒或者老人在特殊情况下主动按动报警按钮，社区紧急呼叫中心便会发出报警信号，服务中心的工作人员会第一时间致电其亲人（老人在信息服务平台预先留下联系方式），并通知物业管理中心及时赶往老人所在位置，查看具体情况。

生活照料服务不但方便老人的日常生活，而且为老年人生活安全提供了全方位的保障。

二、问题解决

社区应派专门的志愿者为老人提供专业照料，比如房间整理与清洁，饮食的照料等。

拓展训练

张奶奶今年73岁，退休教师，老伴前年去世。现在张奶奶不愿与儿子搬进新家，还是住在原来的老小区里。上周末外出，不幸在路边跌倒，腿伤严重，医生嘱咐不能下床走动。

问题思考：

社区可以为张奶奶提供哪些日间照料的服务？

推荐阅读

1. 赵慧敏. 老年心理学. 天津：天津大学出版社，2010

2. 肖健，高云鹏等. 老年心理学. 北京：北京大学出版社，2013

任务六

健康管理服务

学习目标

知识目标：了解老年人健康管理服务的基本含义。

能力目标：掌握老年人健康管理对老年人生活的作用与意义。

工作任务描述

李大爷今年68岁，钢铁厂退休。长期的工作劳累使得李大爷患上了关节炎，一到阴雨天就浑身疼痛。

问题思考：

社区应该为李大爷提供哪些健康管理服务？

工作任务分解与实施

一、老年人的健康管理服务

社区对所有居住的老年人建立健康档案，所有信息输入社区信息服务平台，老人可以每天到社区健康管理中心进行常规体检，尤其是患有高血压、高血糖等慢性疾病的老人，需要长期监控身体指标，预防慢性疾病的恶化。健康管理中心的工作人员会将老人的日常体检数据保存在其个人健康档案中，老人或者家人可以通过社区的社区信息服务平台随时查阅老人的身体状况。老人可以到健康管理中心或者通过社区信息服务平台向健康管理团队咨询身体健康管理方面的问题，健康管理团队主要由全科医生、营养师、心理咨询师等专业人员组成。通过评估，专家团队会对体检指标异常的老人提供包括饮食、生活习惯等方面的合理建议。

二、问题解决

社区为李大爷提供了专门的健康咨询，并且陪伴李大爷去医院进行专业的健康体检，另外为李大爷专门设计健康档案。

拓展训练

张奶奶今年 65 岁，退休前是纺织厂工人。退休之后患上了糖尿病。由于缺乏医疗知识，对糖尿病一知半解，每天按时服用药物血糖还是忽高忽低。

问题思考：

通过社区的健康管理服务张奶奶生活会有哪些改善？

推荐阅读

1. 陈露晓 . 老年人心理卫生与保健 . 北京：中国社会出版社，2009

2. 刘鸣勋 . 老年人心理健康咨询 . 北京：金盾出版社，2003

任务七

社区文化服务

学习目标

知识目标：了解社区文化服务的基本内容。

能力目标：掌握社区文化服务在老人生活中的意义。

工作任务描述

赵阿姨是一名退休小学音乐老师，平时喜爱唱歌跳舞。自从退休以后就一直想在自己居住的社区组建一支老年合唱团，只是苦于没有宣传，社团至今还没有完全建立起来。

问题思考：

赵阿姨这个社区歌唱团可以为社区提供那些文化服务？

工作任务分解与实施

一、老年人的社区文化服务

社区文化服务主要有：社区老年图书馆、社区社会工作活动组织、志愿者、义工服务等。

社区老年图书馆主要功能有：为老年人提供读书学习的场所；定期开展多媒体教学课程；组织老年人成立读书社。以上的各项功能主要针对社区内喜欢读报看书的老年人，给他们提供一个良好的读书学习环境，丰富老年人的生活。老年图书馆还会提供多媒体教学，老年人通过学习互联网知识，熟悉网络新媒体，丰富日常生活。社区老年图书馆也可以通过组织喜爱读书的老人，成立老年读书会，互相交流读书心得，一起听相关讲座，找到身边有共同爱好的同龄人。

目前，社区都设立了老年图书馆，但宣传效果比使用效率要大很多。社区大多是为了有社区老年图书馆这个牌子，而不是为了真正服务老年人。一些社区老年图书馆面积只有 10～20 平方米，只能容纳十来个人看书，形式多于实用。

目前所有的社区居委会已全部配备专业的社会工作者，部分工作是为社区策划组织活动，主要是策划社区老年人相关活动，发挥社会工作者的专业优势，丰富社区居民尤其是老年人的日常生活。社区社会工作者的部分工作是定期策划相关社区培训，包括老年人社区生活安全保障、老年人养生健身等培训，丰富老年人的精神文化生活；社工最主要的工作任务则是从专业的角度出发，对社区内五保户、失智老人、失能老人、半失能老人等弱势群体进行帮扶、探访、资源链接，完善社区生活，科学链接社区各项资源，服务所有社区居民。

社会工作者可以利用志愿者、义工等社会资源，为社区内有需要的人群提供志愿者服务，看望家庭困难的老人、打扫卫生、社区宣传等，为社区居委会想做但又受人力不足、精力有限等原因制约无法全面落实的社区服务细节进行补充。

二、问题解决

赵阿姨的歌唱团可以在社区开展文娱活动。每逢节假日可以动员社区居民参与社区文化建设。

必备知识

健康照护、健康膳食、看护照料为老年人的生命维持提供了丰富的资源渠道。社区文化中心是老年人活动的主要平台和载体，是一种社会支持。有了强而有力的身体，有了可以展现自己的平台，自然而然就有了一种归属感。其实，从根本上讲，归属感在行动上的表现就是老年人愿意主动并积极地参加社区活动，并给予社区一种积极地批评与建议。在共生环境系统中，老年人的社区参与性是关键性的一环。只有让老年人主动地参与了，这个活动才算成功；只有让老年人在这个活动中有所收获，那么这个活动才能继续成长。

拓展训练

李大伯早年做旧书生意，晚年家中有大量的旧书。李大伯想把这批旧书捐给社区，为社区的文化建设做出一份贡献。

问题思考：

社区可以为李大伯提供哪些服务？

推荐阅读

1. 陈露晓. 老年人心理问题诊断. 北京：中国社会出版社，2009
2. 陈露晓. 老年人性格问题应对. 北京：中国社会出版社，2009

任务八
膳食营养服务

学习目标

知识目标：了解膳食营养服务的基本内容。

能力目标：掌握膳食营养服务对老年人生活的意义。

工作任务描述

钱阿姨退休后患病，手术痊愈后，医生嘱咐饮食要营养均衡，可是老伴对饮食不是很了解，不知该怎么办。

问题思考：

社区膳食营养服务该如何为钱阿姨提供膳食营养服务？

工作任务分解与实施

一、老年人的膳食营养服务

社区部分老年人在生活过程中，因为疾病原因无法自己烧菜做饭；也有部分空巢（包括独居、与配偶一同居住）老人，每日只做自己或者两人的饭菜，不仅菜色上无法做到营养均衡，而且要花大量的时间在烧菜做饭上，每日的餐食准备渐渐成为他们最大的生活负担。针对以上情况，部分社区专门设立膳食营养餐厅，为老年人提供营养均衡、价格实惠的餐饮服务，提高老年人的晚年生活质量。

目前社区涉及的老年社会服务，基本包括以上几个方面。实际操作过程中，每个社区成立的"社区日照中心""社区综合服务中心"基本上都起同一个作用，就是将日间照料、膳食餐厅、老年人社区活动、老年图书馆设置在同一场所内，由社区统一管理。部分投入较大的社区，还会在之前的服务设施上加设健康管理、社区门诊、社区信息服务平台、社会工作室，将所有的信息数据整合到社区信息服务平台，以统筹管理的形式，全方位照护社区内的老年人。

二、问题解决

社区可以通过社区餐厅为钱阿姨提供康复营养餐，也可让钱阿姨的老伴参加专门的厨艺小组，提升自己的厨艺。

拓展训练

赵大伯退休前是医院的营养师，退休后在家。退休生活枯燥乏味，于是他向社区申请担任力所能及的职务。

问题思考：

社区可以给赵大伯提供什么职务？

推荐阅读

1. 韩春姬. 老年人健康食谱. 延边：延边大学出版社，2011

2. 孙明杰，袁许斌. 老年人营养配餐. 沈阳：辽宁科学技术出版社，2007

任务九

专业照护服务

学习目标

知识目标：了解专业护理服务的专业性。

能力目标：掌握专业照料服务对失能老人生活的意义。

工作任务描述

赵奶奶退休后不到半年就中风了，出院后医生嘱咐要进行康复训练，可是老伴不了解中风患者的康复训练，于是向社区服务站求助。

问题思考：

社区可以为赵奶奶提供哪些专业的照护服务？

工作任务分解与实施

一、老年人的专业照护服务

社区专业照料服务覆盖所有健康、失能、半失能老人。现在的社区与农村相比，邻里之间交流越来越少，邻里关系也变得越来越冷漠。随着家中子女逐渐进入社会，子女白天无法照顾老人。出于这方面考虑，社区设立专业照料服务，为社区内的老年人提供日间的休息中心。健康老人可以在社区照料中心与其他老人一起互动聊天。失能与半失能的老人日间由家人送往照料中心，家人下班后再接回自己家中居住。在照料中心老人可以得到专业护理员的悉心照料。照料中心配备有专业的医师、营养师、护理人员。老人在照料中心期间，子女可以放心工作，家中的照顾者可以得到很好的休息，不需要为照顾老人而捆绑住自己大量的时间。老人从照料中心回到家中，再由家人照顾。因为没有占用家人大量时间，家人对失能、半失能老人也不会有很大的抵触情绪，可以长期保持平和的态度与老人沟通，老人与家庭成员之间的关系能够保持和谐，大大减少了家庭成员因为长期照顾老人而产生的厌恶、暴躁的情绪，老年人遭受家庭暴力的概率也将有所降低。

在专业照护服务中，特别设置了社区门诊服务。老年人在日常生活中会有很多小病小痛，但他们对前往医院治疗又有一定的排斥心理，除非大病或者实在无法忍受，往往并不会选择去医院就医。社区门诊为社区居民尤其是老年人小病就医提供了方便。

二、问题解决

社区可以为赵奶奶提供专业的日间照护服务，可以在社区的日间照料中心为赵奶奶提供专业的康复训练和病后的心理咨询。赵奶奶也可以加入中心的老人康复小组进行交流。

拓展训练

张大伯晚年患上了帕金森综合征，生活十分不便，老伴既要操持家务又要帮助张大伯康复，力不从心，于是，向社区照料中心求助。

问题思考：

社区日间照料中心可以为张大伯提供哪些服务？

推荐阅读

1. 陈露晓. 老年期生理、心理变化及应对. 北京：中国社会出版社，2009
2. 陈露晓. 老年人婚姻心理问题应对. 北京：中国社会出版社，2009

任务十
社会支持系统的构建

学习目标

知识目标：了解社会支持系统构建的基本内容。

能力目标：掌握社会支持系统构建对老年人生活的意义。

工作任务描述

赵大爷是社区独居低保老人，每月领取政府发放的低保金。上周末去医院查出患有糖尿病，从此每月额外支出的医药费成了赵大爷的烦恼。

问题思考：

社区可以为赵大爷提供哪些帮助？

工作任务分解与实施

一、老年人社会支持系统的构建

老年人的生活系统中存在许多的共生资源，包括以家庭为主要代表的非正式资源；以慈善团体、志愿者、义工等为主要代表的社会服务资源；以居委会、民政局为主要代表的政府资源。

对直接为老年人提供服务的机构或者居委会，在如此多的可利用资源面前，从老年人实际需要出发，链接家庭、社会、政府的正式、非正式资源，构建老年人社会支持系统，比社区自身举办老年人活动、慰问困难老人的功效要大得多。

社区最大的功能其实是各项资源的整合，只有做好资源衔接，架构资源通道，在老年人实际需求与资源提供者之间建立有效的链接网络，为供与求之间搭起一座自助往来的桥梁，将具体的实际工作转给可以提供服务的资源提供者。在整个架构中，社区担任总设计师的角色，完善系统、将整个社会支持系统辐射至老年人生活的方方面面，是目前社区需要真正考虑并尽快落实的问题。

二、问题解决

社区可以派出专门的志愿者为赵大爷提供日间照料服务，社区也可以向当地民政部门申请补助，为赵大爷提供生活保障。

拓展训练

张奶奶是本社区的低保老人，儿子长期在外务工。上周末张奶奶出门购物时不慎跌倒，导致腿骨骨折，需要大量的医药费用，可是儿子不在身旁，张奶奶一筹莫展。

问题思考：

社区可以为张奶奶提供哪些支持？

推荐阅读

1. 朴顺子．老年人实用护理技能手册．北京：北京大学医学出版社，2011

2. 王志红．老年护理学．上海：上海科学技术出版社，2011

项目五 培育社区的社会组织

内容导航

　　政府简政放权，落实民生政策，为人民群众进行到位的服务，离不开一个载体。这个载体就是活跃在社区中的社区社会组织。社区社会组织是社区中的活细胞。社区社会组织与居民委员会可以相互配合，弥补服务的不足。因此，社区社会组织就成为社会组织最基础的力量，也是未来承接政府项目的重要载体与平台。

任务一
认识社区的社会组织

学习目标

知识目标： 了解社会服务组织的内涵。

掌握社会服务组织的类型。

能力目标： 正确认识社会服务组织的分类，了解社会服务组织的主要领域及相关内容。

工作任务描述

王先生，35岁，在社区从事志愿者服务7年。多年的志愿服务经验使他认识到单纯依靠志愿者的力量不能解决问题，需要有专业团队的带领。于是，王先生打算辞去现在的工作去成立一家专门的，但是却不知道如何成立组织，以后该从事哪方面的业务。

问题思考：

王先生应该建立什么样的社会服务组织呢？

工作任务分解与实施

一、我国的社会服务组织类型

我国社会服务组织类型多样，很难用统一的标准分类。一般来说，社会服务组织包括以下四种类型：社会公益事业单位、社会团体、民办非企业单位、基金会。其中社会团体、民办非企业单位、基金会统称为社会组织。

（一）社会公益事业单位

社会公益事业单位，即政府或社会力量为发展社会公益事业而设立的专门从事公益事业的单位。它们是直接或间接地为经济活动、社会活动和居民生活服务的部门单位，主要包括卫生保健系统、文化教育系统、体育娱乐系统、社会救助系统等。该类单位属于传统意义上的事业单位，可分为如下两类：公益一类事业单位，主要承担政府规定的社会公益性服务，面向社会无偿或低偿提供公益服务，其业务活动的宗旨、目标和内容以及分配方式、标准等由国家确定，不得开展经营活动，其经费主要由国家财政支持，属于全额拨款单位，比如救助管理站、儿童福利院等；公益二类事业单位，面向社会提

供社会服务，比如高等院校、医院、街道举办的社区服务中心等，这类单位可以根据自己的公益目标，自助开展相应的服务，依法取得的收入全部纳入财政管理，经费由财政根据相应的情况进行补助，属于差额拨款单位。

(二)社会团体

根据《社会团体登记管理条例》规定，社会团体指中国公民自愿组成，为实现会员共同意愿，按照组织章程开展活动的非营利性社会组织。社会团体是群众团体的一个分类。中国有全国性社会团体近 2000 个，其中使用行政编制或事业编制，由国家财政拨款的社会团体约 200 个。在这近 200 个团体中，全国总工会、共青团、全国妇联的政治地位高，社会影响广泛。此外还有 16 个社会团体的政治地位虽然不及上述 3 个社会团体，但也比较有特色，它们分别是：中国文联、中国科协、全国侨联、中国作协、中国法学会、对外友协、贸促会、中国残联、宋庆龄基金会、中国记协、全国台联、黄埔军校同学会、外交学会、中国红十字总会、中国职工思想政治工作研究会、欧美同学会。以上 19 个社会团体的主要任务、机构编制和领导职数由中央机构编制管理部门之间确定。虽然是非政府性的组织，但在很大程度上行使着部分政府职能，被列入参照公务员法管理的人民团体和社会团体。

与社会服务组织相关的社会团体，既有全国性的中国社会工作协会、中国社会福利协会、中国青年志愿者协会，也有地方性的社团组织，如地方成立的社会工作协会、社会福利协会、志愿者协会等。这些社会团体大多并不直接向群众开展社会服务，而是通过对其社会服务组织会员或个人会员提供服务，进行行业监督自律，促进社会服务行业的健康发展。

(三)民办非企业单位

民办非企业单位是指企业事业单位、社会团体和其他社会力量或公民个人利用非国有资产举办的，从事非营利性社会服务活动的社会组织。民办非企业单位是个比较新的概念，它是 1996 年中央和国务院领导针对以往的"民办事业单位"这一概念所做出的修正，即事业单位是国家举办的，而民间不应再称事业单位。因此，1998 年 10 月国务院颁布《民办非企业单位登记管理暂行条例》，对民办非企业单位重新做了界定。

民办非企业单位分布在社会各行各业中，每个领域都会产生和存在民办非企业，但其主要分布在以下行业中：(1)教育事业，如民办幼儿园、民办小学、中学、学校、学院、大学、民办专修(进修)学院或学校，民办培训(补习)学校或中心等；(2)卫生事业，如民办门诊部(所)、医院、民办康复、保健、卫生、疗养院(所)等；(3)文化事业，如民办艺术表演团体、文化馆(活动中心)、图书馆(室)、博物馆(院)、美术馆、画院、名人纪念馆、收藏馆、艺术研究院(所)等；(4)科技事业，如民办科学研究院(所、中心)，民办科技传播或普及中心、科技服务中心、技术评估所(中心)等；(5)体育事业，如民办体育俱乐部，民办体育场等；(6)劳动事业、如民办职业培训学校或中心，民办职业介绍所等；(7)民政事业，如民办福利院、敬老院、托老所、老年公寓，民办婚姻介绍所，民办社区服务中心(站)等；(8)社会中介服务业，如民办评估咨询服务中心(所)，民办信息咨询调查中心(所)，民办人才交流中心等；(9)法律服务业。这九大类正是开展社会服务的主要领域，因此，目前我们绝大多数社会服务组织都属于民办非企业单位。

（四）基金会

根据《基金会管理条例》规定，基金会是指利用自然人、法人或者其他组织捐赠的财产，以从事公益事业为目的，按照相关条例的规定成立的非营利性法人。基金会分为面向公众募捐的基金会（以下简称公募基金会）和不得面向公众募捐的基金会（以下简称非公募基金会）。公募基金会按照募捐的地域范围，分为全国性公募基金会和地方性公募基金会。全国性公募基金会有中国红十字基金会、中国妇女发展基金会、中国法律援助基金会等，地方性公募基金会如上海市慈善基金会等；非公募基金会如南都公益基金会等。

公开资料显示，2013 年 12 月挂牌的"深圳市圆梦南坑社区基金会"是国内第一家在名称中直接冠以"社区基金会"之名的基金会。此后，光明新区、宝安幸福海裕等 5 家社区基金会相继成立。时至今日社区基金会已增加到 9 家，募集资金超过 2000 万元，资助项目超过了 30 个，其中一半已经实施。

这些试点中的基金会大都被定位为资助型基金会，主要以非公募的方式在本社区内筹措资金，以项目化的方式开展救助和资助，其能提供的服务都是与社区居民生活息息相关的，例如帮助孤寡老人、开办老年食堂、举办"小候鸟"夏令营、教居民做手工等。

任务解决

小张可以成立社区社会组织即社区志愿者组织，以民办非企业单位的性质进行登记或者备案。

拓展训练

你还知道其他类型的社会服务组织吗？举例说明，并与上述各类社会服务组织进行对比分析。

必备知识

社区社会组织的双重管理制度

我国的社会组织包括社区社会组织，实行的是"双重管理"审批登记制度，即成立社会组织需要先后经过业务主管单位和登记管理机关批准。我国《社团登记条例》《民办非企业单位登记管理暂行条例》以及《基金会管理条例》对社会组织的业务主管单位和登记管理机关有明确的界定，分别由不同层级（包括县级、省级和国务院）的民政部门作为登记管理机关，同时由对应的政府其他有关部门作为业务主管单位。其层级繁多，种类复杂，严重制约了社会组织的发展。

"双重管理"审批登记制度，通过双重负责、双重把关，规范了社会组织的登记注册。但这个制度在社会组织登记注册之前，设置了业务主管单位的审批门槛，也成为社会组织获得合法身份的障碍。首先，相关的法规只是划定了业务主管单位的范围却并未明确规定其义务，一般的政府职能部门或政府授权的单位不愿意担任社会组织的业务主管单位。其次，随着公共需求多元化，申请成立公益和服务等领域社会组织的业务范围无法与政府职能部门的职能范围对应，也难以找到业务主管单位。再次，社会组织至少需要县级以上的职能部门和授权单位担任业务主管单位，相关职能部门因大批社区群众团体的出现监管任务倍增，担任业务主管单位的积极性也不高。由于落实不了业务主管单位，许多社会组织无法登记。据估计，我国只有约20％的社会组织按照规定在民政部门登记注册。没有登记的社会组织实际上未获得现行法律的认可，也无法得到应有的保障，发展受到制约。部分从事非营利活动、公益慈善事业的组织通过工商登记取得法人身份，但在减税免税上很难获得合法待遇。

《国务院机构改革和职能转变方案（草案）》正式披露：除了和大部制相关的铁道部的撤销、海洋局的重组和新闻总署、广电总局合并后等"机构改革"的内容，"职能转变"方面的"强化社会组织在社会管理方面的作用"也备受关注。改革的方向简而言之就是"小政府、大社会"，把许多可以下放的政府职能交给社会组织。中共十八大提出，要最广泛地动员和组织人民依法管理国家事务和社会事务、管理经济和文化事业。同时指出，我国目前社会组织既培育发展不足，又规范管理不够。存在的问题是，成立社会组织的门槛过高，社会组织未经登记开展活动较为普遍，一些社会组织行政化倾向明显，现行管理制度不适应社会组织规范发展需要。

因此，《方案》中提出，要改革社会组织管理制度，行业协会商会类、科技类、公益慈善类、城乡社区服务类社会组织将直接登记，不再需要业务主管单位审查同意，同时还提出推进行业协会商会与行政机关脱钩，引入竞争机制，探索一业多会。但是，考虑到政治法律类、宗教类等社会组织以及境外非政府组织在华代表机构的情况比较复杂，成立这些社会组织，在申请登记前，仍需要经业务主管单位审查同意。

推荐阅读

1. 赵学慧. 社会服务组织管理. 北京：中国社会出版社，2013
2. 王名. 社会组织概论. 北京：中国社会出版社，2010

任务二
社区社会组织的服务内容

学习目标

知识目标：了解各社区社会组织具体的服务人群、服务内容及理论知识框架。

能力目标：掌握社区社会组织服务的具体技巧方法。

工作任务描述

深圳市龙岗区流动青少年较多，在这些青少年中，很多是从外乡流浪至此，对龙岗区没有丝毫的归属感，与当地居民相处不融洽，经常发生冲突。社区志愿者曾介入处理，但并没有明显效果。龙祥社工服务中心接到任务，准备开展相应的服务。

问题思考：

深圳市龙岗区龙祥社工服务中心可以为青少年提供哪些服务？

工作任务分解与实施

一、面向各类弱势人群的福利服务

把弱势人群作为社区服务的重点对象，为他们提供福利服务，是社区服务的最基本内容和最基本任务，也集中体现了社区服务的福利性本质。社区提供的福利服务具体包括以下几个方面。

1. 为老年人提供的福利服务

目前，我国60岁及以上的老年人数以超过总人口的10%，已进入老龄化时代。面对数以万计，以家庭居住小区为主要活动场所的老年人，社区组织为他们提供了多种类型的福利服务，丰富了他们的物质文化生活。从社区服务的角度来说，主要有以下几种：一是养老服务，例如开办小区敬老院、老人公寓、托老所以及以综合包户的形式为孤寡老人（或独居老人）服务；二是文化教育服务，例如老年人活动站、老年人书法、绘画小组、老年人大学等；三是健康服务，例如老年人健康辅导、心理咨询、家庭病床、老年病知识讲座等；四是再就业服务，使低龄健康老人发挥余热，进行劳务中介；五是婚介服务，例如老年人婚姻介绍所，金婚、银婚纪念活动等。

2. 为残疾人提供的福利服务

社区为残疾人提供的福利服务主要有：一是康复服务，例如残疾人小区康复中心、

弱智儿童启智班等；二是安置服务，例如通过发展福利工厂（店），帮助安置有劳动能力的残疾人从事适合他们的工作，尽量使他们自食其力、自强不息；三是生活服务，创造无障碍的小区生活环境、组织小区内房管、卫生、商业机构以及志愿者为残疾人提供便利，帮助符合条件的未婚残疾青年建立幸福家庭等。

3. 为优抚对象提供的福利服务

社区为优抚对象提供的福利服务包括：一是贯彻落实政府的优抚政策，开展拥军优属活动；二是帮助优抚对象解决住房、就医等日常生活方面的困难；三是开展军民联谊活动，开设培训军地两用人才的培训班等。

4. 为青少年提高的福利服务

具体内容有：一是生活照顾服务，如开办托儿所、幼儿园以及根据社区需要发展"小学生饭桌"和"接送孩子"等服务；二是校外教育，如课后辅导班、青少年活动站、夏令营、青年文明小区建设等；三是失足青年的帮教。

5. 为贫困者提供的福利服务

主要包括：一是通过发展小区服务业，帮助他们再就业；二是执行政府的"最低生活保障制度"，为他们提供必要的经济援助；三是动员小区各方面的力量开展多种多样形式的扶贫济困活动。

6. 为外来经商务工人员提供的福利服务

如组织外来青年俱乐部、举办文化知识讲座等。

二、面向小区普通居民群众的便民利民服务

1. 居民生活服务

如小吃店、副食店、洗衣店、理发店、车棚、停车场、服装裁剪店、电话传呼、奶站、修鞋铺等。以方便居民的日常生活为宗旨，开设多种服务项目，实行有偿、低偿或无偿服务。

2. 家务劳动服务

如介绍保姆、钟点工、代买煤、粮、代看护小孩、代洗衣服、护理病人、搬运重物上门等，这些都是适应家务劳动生活化的需求而产生的，目的在于减轻双职工家庭的负担，减少其后顾之忧。

3. 文化生活服务

例如建立文化站、小区图书馆、组织秧歌队、曲艺队、夏日纳凉晚会、灯会、书画展等，目的是丰富小区的文化生活，进行精神文明建设。

上述便民服务，在一定程度上弥补了第三产业的不足，受到社区居民的欢迎，并在整个社区服务的内容构成中占有越来越大的比重，从而显示了社区服务的广阔发展前景。另一方面我们也应该看到，随着市场体制的完善，商业服务的发展，社区服务中的一些传统的便民利民服务项目，被无孔不入的商业服务日趋取代。如何立足社区，以居民需要为本，开拓新的便民利民服务领域，是每一个社区都要面对的挑战。

三、社区就业

劳动和社会保障部、国家发展计划委员会、国家经济贸易委员会、财政部、民政部、

建设部、中国人民银行、国家工商总局、国家税务总局《关于推动社区就业工作的若干意见》(劳社部发〔2001〕7号)指出,社区就业是要紧密结合产业结构调整和城市社区建设的发展进程,以城市社区为依托,以市场需求为导向,按照产业化的发展方向,通过着力拓宽社区就业门路,大力开发社区就业岗位,引导和帮助下岗职工和失业人员在城市社区服务领域实现再就业,实现社区建设和扩大就业的有机结合。

(一)开发社区就业岗位,鼓励多种形式就业

1. 开发社区就业岗位

主要包括以下几方面:一是结合社区居民多方面、多层次生活服务的需要、大力开发托幼托老、配送快递、修理维护等便民利民服务岗位,特别是面向居民家庭和个人的家政服务岗位;二是结合驻社区企业事业单位、政府机关剥离部分社会服务职能的需要,开发物业管理、卫生保洁、商品递送等社会化服务岗位;三是结合对企业退休人员实行社会化管理的需要,开发健身、娱乐以及老年生活照料等工作岗位;四是结合社区组织建设、公共管理和公益性服务的需要,大力开发社区治安、市场管理、环境管理等社区工作岗位,特别是开发社区保洁、保安、保绿、车辆看管等社区公益性就业岗位,对下岗职工和失业人员中年龄较大、再就业困难且家庭收入低的人员实施就业援助。

2. 鼓励多种形式就业

社区社会工作者要适应市场、转变观念,根据市场化、产业化和社会化的发展方向,本着扩大就业,加快发展服务业的要求,拓展社区服务领域,努力提高吸纳就业的能力。一是鼓励和支持下岗职工和失业人员在社区组织起来就业,创办各种便民利民的社区服务企业等社区就业实体;二是积极鼓励下岗职工和失业人员以个体、私营等各种经济形式,兴办投资少、机制灵活、适应性强的社区服务型小企业从事社区服务,实现自谋职业;三是鼓励企业事业单位、街道基层组织等兴办以安置下岗职工和失业人员就业的中小企业、劳动就业服务企业等。

(二)宣传和落实再就业优惠政策

1998年以来,各级政府纷纷制定了促进下岗职工和失业人员再就业的各项优惠政策。一是税收优惠政策。国家税务总局在《关于下岗职工从事社区居民服务业享受有关税收优惠政策问题的通知》(国税发〔1999〕43号)中规定,对下岗职工从事社区居民服务业项目取得的收入,在规定年限内免征营业税、个人所得税、城市维护建筑税和教育费附加。二是工商登记优惠政策。国家工商总局《关于认真贯彻落实党中央、国务院〔关于切实做好国有企业下岗职工基本生活保障和再就业工作的通知〕的通知》(工商个字〔1998〕第120号)提出,下岗职工从事社区居民服务业的,三年内可免收工商行政管理行政性收费等,为下岗职工自谋职业和组织就业提供优质服务。三是贷款担保等金融服务政策。国务院办公厅转发国家经贸委《〔关于鼓励和促进中小企业发展若干政策意见〕的通知》(国办发〔2000〕59号)和《关于进一步改善对中小企业金融服务的意识》(银发〔1998〕278号)的有关政策规定,切实加强对下岗职工和失业人员自谋职业和组织起来兴办社会服务小企业等社区就业实体的金融服务。采取切实有效的措施,运用企业互保、联保、贷款保险、多渠道筹资建立单包、基金等形式,解决下岗职工贷款单包问题。四是场地安排优惠政策。劳动和社会保障部等八部委《关于推动社区就业工作的若干意见》明确要求,各级建

设、城市规划主管部门及相关部门和街道办事处，应在符合城市规划的前提下，积极帮助下岗职工和失业人员解决好从事社区服务业的场地安排、项目经营等方面遇到的实际问题。

社区社会工作者一方面要向社区中下岗失业人员宣传、解释政策，协助政府执行和落实政策；另一方面制作发放"再就业人员优惠卡"，对各部门优惠政策执行情况进行登记，保障社区就业的各项优惠政策落到实处。

(三)开展社区就业服务和就业培训

1. 开展就业服务工作

社区社会工作者一方面要充分运用市、区、街三级社区就业服务工作网络，配合街道和社区居委会，发挥基层组织的优势，充分采集社区岗位需求信息；另一方面利用连接到社区的"城市劳动力市场就业信息网"为下岗失业群体寻找就业岗位，及时将信息传递给下岗职工和失业人员。此外，社区社会工作者要积极探索社区就业服务的有效办法，如通过开展有针对性的职业指导，帮助下岗职工和失业人员切实转变就业观念；建议街道公共服务大厅采取开设专门服务窗口、实行劳动保障事务代理等措施，为下岗职工和失业人员提供代管档案、代缴保险、代办有关证明等多项就业服务，引导他们在社区实现再就业。

2. 开展就业培训

社区社会工作者应配合街道劳动就业服务机构，开展就业培训工作，提高社区下岗职工和失业人员的就业能力。一是结合社区就业实际需求，努力开发适应社区就业岗位需要的再就业培训项目和培训课程，采取实用有效的培训方式方法，为下岗职工和失业人员在社区就业创造有利条件；二是开展创业培训，培养一批创办社区就业实体的带头人，以培训促进创业，以创业带动就业。

(四)解决社区下岗和失业人员的社会保险接续等实际困难

下岗职工和失业人员从事社区服务业存在着社会保险接续等难点问题，影响了其就业的积极性。为此，社区社会工作者一方面要及时向基层政府和劳动保障部门反映情况，呼吁完善相关政策措施，包括制定灵活有序的办法，依法将下岗职工和失业人员自谋职业和组织企业兴办的社区服务企业等社区就业实体纳入社会保险覆盖范围；另一方面与社会保险经办机构的工作人员合作，掌握接续社会贡献关系的程序、办法和个人账户基金的结存情况，帮助在社区就业的下岗职工和失业人员学习查询社会保险档案及个人账户状况。此外，社区社会工作者也会呼吁有关部门制定适合本地实际情况，促进灵活就业形式的政策和制度，协助灵活就业人员妥善处理劳动关系和劳动争议问题，保障其合法权益。

任务解决

社工可以针对社区居民的需求，主要进行社区凝聚力的服务。诸如为老人提供小饭桌服务，为少年儿童开展4点半课堂。

必备知识

《民政部关于在全国推进城市社区建设的意见》(摘要)

(一)拓展社区服务。在大中城市,要重点抓好城区、街道办事处社区服务中心和社区居委会社区服务站的建设与管理。社区服务主要是开展面向老年人、儿童、残疾人、社会贫困户、优抚对象的社会救助和福利服务,面向社区居民的便民利民服务,面向社区单位的社会化服务,面向下岗职工的再就业服务和社会保障社会化服务。社区服务是社区建设重点发展的项目,具有广阔的前景,要坚持社会化、产业化的发展方向。各地区要继续贯彻落实国家对发展社区服务的各项扶持政策,统筹规划,规范行业管理。要不断提高社区服务质量和社区管理水平,使社区服务在改善居民生活、扩大就业机会、建立社会保障社会化服务体系、大力发展服务业等方面发挥更加积极的作用。

(二)发展社区卫生。要把城市卫生工作的重点放到社区,积极发展社区卫生。加强社区卫生服务站点的建设,积极开展以疾病预防、医疗、保健、康复、健康教育和计划生育技术服务等为主要内容的社区卫生服务,方便群众就医,不断改善社区居民的卫生条件。

(三)繁荣社区文化。积极发展社区文化事业,加强思想文化阵地建设,不断完善公益性群众文化设施。要充分利用街道文化站、社区服务活动室、社区广场等现有文化活动设施,组织开展丰富多彩、健康有益的文化、体育、科普、教育、娱乐等活动;利用社区内的各种专栏、板报宣传社会主义精神文明,倡导科学文明健康的生活方式;加强对社区成员的社会主义教育、政治思想教育和科学文化教育,形成健康向上、文明和谐的社区文化氛围。

(四)美化社区环境。要大力整治社区环境,净化、绿化、美化社区。要提高社区居民的环境保护意识,赋予社区居民对社区环境的知情权。要努力搞好社区环境卫生,建设干净、整洁的美好社区。

(五)加强社区治安。建设社会治安综合治理网络,有条件的地方,要根据社区规模的调整,按照"一区(社区)一警"的模式调整民警责任区,设立社区警务室,健全社会治安防范体系,实行群防群治;组织开展经常性、群众性的法制教育和法律咨询、民事调解工作,加强对刑满释放、解除劳教人员的安置帮教工作和流动人口的管理,消除各种社会不稳定因素。

拓展训练

某城市小区的居民受附近 个建筑施工项目严重滋扰。白天施工噪声和夜晚照明灯光使得部分居民甚至产生了轻微的疾病,如头痛、眩晕和失眠现象。社区的社会工作者根据居民的意见将社区居民组织起来,收集证据,和居民一起到建筑公司解决这一问题,最后成功获得经济赔偿并阻止了建筑公司的扰民行为。

问题思考:

社区的社会工作者如何带领居民成功阻止建筑公司的扰民行为?

推荐阅读

李兵,张恺悌,何珊珊. 社会服务. 北京:知识产权出版社,2011

任务三
设计与管理社区社会组织的项目

学习目标

> **知识目标：** 1. 掌握项目的基础知识，例如项目的定义、项目的特点、项目的分类、项目的运作周期等。
>
> 2. 掌握项目的核心构成要素以及撰写项目书的要求。
>
> **能力目标：** 在掌握本节知识点的基础上，根据实际的案例介绍独立完成简单的项目书的编写工作。

工作任务描述

> 某市民政局为鼓励扶持本市公益性社会组织积极参加社区公益事业和民生服务，满足社区居民多样化的服务需求，进一步提高社区公共管理和服务水平，开展了一项社区公益服务项目招投标工作。招标项目领域主要有社区安老服务、社区济困服务、社区扶幼服务、社区助残服务、其他社区公益服务。为民社会工作事务所知道这则消息后，决定抓住机会，争取一项服务项目。
>
> **问题思考：**
>
> 为民社会工作事务所如果想要争取到项目应该从哪里入手，需要开展哪些工作呢？

工作任务分解与实施

一、项目基础知识

1. 项目的定义

为达到某一或某些特定的目标，在一定的时间、资源等约束性条件下，设计开展和完成的一系列相互关联的活动。而"公益性项目"，简言之，就是项目中那些非营利性和公益性的项目，有明显的社会属性。

2. 项目的特点

项目具有明确的目标、资源的有限性、特定的服务对象、内容的连续性/整体性、注重社会效益、创新性、周期性等特点。

3. 项目的分类

项目可以按照领域/服务对象、资源来源、项目覆盖范围、项目性质等方式进行分类。其中按照领域/服务对象分类可以分成环保项目、儿童项目、青少年项目、老人项目、妇女项目等；按照项目性质可以分为服务项目、倡导项目、复合项目。

4. 项目的运作周期

项目的运作一般包括以下几个过程。

(1)项目设计前期的准备(社会背景需求的评估)

(2)项目设计与策划

(3)项目筹资

(4)项目实施准备(组建项目团队、设计具体计划)

(5)项目执行与运作(系列活动与中期评估)

(6)项目总结评估(服务与财务)

5. 成功项目的必备要素

(1)符合要求(自我需求不等于服务对象实际的需求)

(2)设计合理(实际情况)

(3)服务专业(专业性的体现)

(4)管理规范

6. 公益项目与社会工作的关系

(1)互融互鉴：一套相通的具有专业价值理念和方法的体系。

(2)专业保障：社会工作为公益项目运作与管理提供了一种重要的专业操作选择路径。

(3)发展载体：公益项目为社会工作的开展和倡导提供了一个重要的平台与载体。

二、项目需求评估

1. 评估的分类

项目以服务阶段为划分标准，按照服务的前期、服务的中期、服务的结果分为需求评估(前评估)、过程评估(中评估)、结果评估(后评估)。

2. 需求评估的主要任务

(1)识别服务对象问题的客观因素

(2)识别服务对象问题的主观因素

(3)识别服务对象问题的成因及使问题延续的因素

(4)识别服务对象与环境的互动状况及积极因素(优势)

(5)考虑提供服务的方式和内容

(6)减少实际状况与需求的差异

3. 认定需求和问题

经过具体的需求评估方法获取资料并与潜在服务对象一起分析，然后与服务对象一起讨论并确定需求和问题。

(1)描述服务对象的问题与需要，包括范围和程度

(2)描述问题如何发生的，包括原因及发展状况

(3)确定服务对象，描述其与其他系统之间关系

(4)描述并鉴定服务对象的资源状况

(5)探究服务对象不能解决问题的原因

三、项目设计与管理

1.项目的核心板块

(1)项目名称：区域＋对象＋方向＋项目。例如：朝阳区贫困流动儿童社区融入项目。

(2)组织简介。

(3)项目概述：项目概述是项目申请书的开始部分，但往往最后撰写，这是公益项目申请书撰写的技巧之一。项目概述应包括项目背景、项目目标、项目计划和项目预期成效等核心内容，共同提炼而成，是项目总括项目概述是项目评审人员的第一印象，很重要。

(4)项目背景：列出要点＋深度解析(阐述)＋逻辑串联＋项目关注点及既有经验。

(5)项目目标：项目目标要明确、可测量、适当、现实、有时间限制等特点。并且注意项目目标迫切程度和重要性、资源条件和机构能力(人力、资金等)、量化目标与质性目标相结合。

(6)项目计划：项目计划应该包括项目时间推进表(时间段)、具体分为项目服务内容、针对不同内容的专业方法及分工。

(7)项目预期成效。

(8)项目创新性、推广性：项目的创新性在于项目的特点，与其他同类服务项目的独创与区别，比如服务方法等。项目的推广性在于项目的手法、模式等可复制推广的地区、领域。

(9)风险分析及应对预案：在项目设计中的项目风险部分应详细列举可能妨碍项目目标实现和项目活动顺利开展的潜在的内部和外部风险，并提出应对风险的具体有效的措施。

(10)项目管理：项目管理的构成要素包括：人力资源管理及统筹(项目团队、志愿者、利益相关方)、项目档案管理(计划、评估总结、影像)、项目时间管理(进程控制)、项目财务管理、项目监测与评估。

(11)项目预算：项目预算的内容通常包括：专职人员成本、劳务费(志愿者等非项目专职人员)、专家咨询费、税费、交通差旅费、资料费(含打印复印)、服务活动费(含物资)、通信费、会议费、管理费等。项目预算需注意：预算应以市场价为基准，即需要对市场价有所了解、以项目服务相关费用为主体、管理费应控制比例、学习项目相关财务制度和政策法规。

2.项目设计遵循的原则

(1)可行性。毫无疑问，项目设计的目的是实施项目服务，这就注定了可行性是项目设计的其首要原则。举个有趣但不乏寓意的例子：一个工程师耗时许久设计了一项为太阳安装遥控器的工程，这样，需要的时候按一下遥控板，太阳就出来了，不需要的时候，就让它回去。当然，这个设计师的出发点是好的，而且这个项目也很有创意，但问题是：以人类现有的技术谁能给太阳装遥控器呢？因此，项目设计可以胆大，创新，但必须以具有可操作性和可行性为前提。

（2）逻辑性。项目设计从项目背景、问题及问题分析到项目具体活动、项目目标、效果的论述务必有严密的逻辑性。一个没有逻辑性的项目设计就如同古墓里发掘的一部支离破碎的武功秘籍，练到最后只会让你走火入魔、功亏一篑。而保障项目设计具有逻辑性的最好办法就是在项目前期进行问题分析，根据问题得出的项目活动、产出、目标和目的之间必然具备很强的逻辑性，这也是为什么高水平的项目设计师在设计项目的时候先要做一个项目逻辑框架表，然后根据这个骨架再添加项目所需的其他血与肉。

（3）周密性。项目设计是个精细活，它对项目设计人员的全局意识、局部衔接和风险预测与管理等方面的能力提出了很高的要求，一个缺乏周密性的项目就如同一个先天营养不足的婴儿，注定了其在实施过程中要经历重重磨难，并面临夭折的危险。

3．项目设计中应注意的几点问题

（1）走出家门，深入社区，切忌闭门造车。如果说项目设计是一项艺术创作的话，那么我们务必要深入项目区，进行实地调研，充分听取受益群体的各种言论，观察社区社会问题，对亲自得来的第一手资料进行理性分析，并据此做出项目总体思路或项目框架、概要，切忌闭门造车。

（2）参与意识贯穿项目管理的始终。社区活动讲究参与，但往往一部分成员仅注意到受益群体的参与及他们在项目初期或者部分阶段的参与，这是对参与概念的偏解。真正意义上的参与，是项目人员、合作伙伴与受益群体从头至尾的共同参与。这个参与包括项目设计，实施，监测评估以及最为重要的分享阶段。可惜的是，部分从业人员在项目进行管理时所做的参与更多是摆设、是走程序。这样一来，即使我们的项目从各项指标的达成度上看是很成功项目，但从发展的角度和可持续的角度去看，它只能算作85%的成功。

（3）大胆创新，跳出惯性思维和经验思维。只有问题，没有标准答案，或者说有多种答案！条条大道通罗马，把解决社会或者社区问题比作罗马，那么很显然我们要到达罗马可以有很多种方法：步行、骑车、坐飞机直达等。但在项目设计中，更多的业内人士为经验或者其他因素所限更多的选择"骑车"，而选择"飞机"的人却是少数。因为大家将罗马和到达罗马的方法放在了一个平面上去想，很少有人会通过立体思维——坐飞机的方式到达罗马，"坐飞机去罗马"就是创新！如果你对企业筹款工作有所了解，那么你会知道，现在的企业对项目建议书的要求很苛刻，他们不愿意去走大家都耳熟能详的老套路，更愿意资助有新意，有亮点的个性化项目，这就决定了我们今后的项目设计要走创新型，有创新才能有出路。

任务解决

识别服务对象的特征，明确服务对象的需求，根据这一需求开展项目设计与服务。

必备知识

政府购买社会服务的主要形式

目前，政府购买社会服务主要有以下几种形式。

1. 政府招投标。以标书形式，按照招投标相关规定，进行招投标工作。严格按照政府采购法进行操作。

2. 公益创投。以项目书形式，观察并运用社会热点，开展公益服务的创意服务，并以该创意形成服务项目。参加由企业，政府，基金会等举办的创投活动，以获取相应的资金支持。

3. 政府委托服务。以项目的形式，政府以责任契约的形式，将某些事务性工作以委托形式交给社会组织完成。

拓展训练

小福是某机构的一名入职不久的社会工作者，就职后被中心主任安排在一线服务岗位，主要负责为社区儿童服务，以丰富孩子们的课余生活，协助他们健康成长，并以此设计一个公益项目向相关政府部门申请资金。小福看到孩子们平时活动较少，很想为他们开展一些服务活动，同时展现自己的专业能力。

于是，小福根据自己的知识，很兴奋地开始设计项目并尝试性地开展活动，但是连续3次活动都没能顺利开展，再组织活动时孩子们都不愿参加了。小福处处碰壁，心灰意冷，并自问：到底哪里出了问题呢？

推荐阅读

1. ［美］Gregory M. Horine. 陈彦辛译. 写给大家看的项目管理书. 北京：人民邮电出版社，2011

2. 王瑞鸿. 社会工作项目精选. 上海：华东理工大学出版社，2010

参考文献

1. 甘炳光，梁祖彬. 社区工作理论与实践. 香港：香港中文大学出版社，1994

2. 土思斌. 社会工作综合能力（中级）. 北京：中国社会出版社，2007

3. 袁继红. 社区管理实务. 北京：电子工业出版社，2009

4. 王大海. 社区管理. 北京：中国人民大学出版社，2009

5. 高桂贤. 社区服务. 北京：电子工业出版社，2009

6. 唐忠新. 社区服务思路与方法. 北京：机械工业出版社，2003

7. 蒋奇. 社区建设与管理. 北京：北京大学出版社，2008

项目六　社区综合治理

内容导航

　　随着时代的发展，社区建设越来越受政府和民众的重视。自1987年，民政部第一次将"社区"概念正式引入我国基层组织建设领域。1991年，民政部从我国国情出发，借鉴国外先进经验，首次提出了社区建设的概念，从城市到乡村，从最初的社区服务到以民主自治为核心的社区综合治理，社区建设的内涵和外延得到了极大的丰富和扩充。

　　社区违法犯罪行为防控、社区人口管理、社区纠纷调解已成为影响社会稳定的最重要因素，这三项工作也成为社区综合治理的重要工作内容。本项目着重讲解社区治安、社区人口管理、社区纠纷调解的基本内容、主要特点和适用的工作方法。

任务一

防控社区违法犯罪行为

学习目标

知识目标：1. 了解社区违法犯罪行为防控的含义与原则。

2. 认知社区治安防控体系的内容。

3. 了解社区安全防控网络的内容。

能力目标：认识社区违法犯罪行为防控的含义与原则；掌握社区治安防控体系的内容；建立社区安全防控网络；够了解社区治安的状况，根据社区实际，建立社区治安防控系统。

工作任务描述

案例一、金山区探路创新型社会管理——上海市金山区平安创建纪实

"推进社会治理，一定要把基层做实，要及时总结基层的好经验"。近期，中共中央政治局委员、上海市委书记韩正在金山区调研时表示，金山区在群众工作中建立起符合本地区实际的工作机制，值得借鉴。

金山区地处上海市远郊，临近杭州湾，环境宜人，具有上海南翼辐射长三角的"桥头堡"优势，近年来经济社会发展突飞猛进。为适应经济社会发展新形势，金山区委政法委锐意改革、积极进取，走出了一条具有金山区特点的创新型社会管理之路。

在刚刚过去的2013年，金山区政法综治维稳工作取得了重大突破，交出了一份漂亮的成绩单：金山区在全国政法系统崭露头角，相继被评为全国平安建设先进区、全国铁路护路先进区；金山区在上海市继续保持领先势头，在公众安全感测评中，金山区名列全市第一，连续4年名列全市前茅。

上海市金山区委政法委书记刘其龙表示，金山区委政法委牢固树立"大平安"理念，按照"网格化、精细化、社会化、信息化"的顶层设计部署工作，不断推进基层治理工作机制创新，为"创业金山、宜居金山、和谐金山"建设保驾护航。

建设村级综治(群众)工作服务站

目前，我国农村治理能力相对较弱，社会矛盾复杂多发。如何让村民办事少走冤枉路？如何从源头上预防、减少农村矛盾纠纷？如何提升政法机关服务群众工作的水平？这是新形势下探索农村社会治理新模式时必须攻克的难题。

着眼于金山社会治理创新的实际，金山区委政法委主动适应农民群众对社会管理的新需求，眼睛向下看，身子往下沉，率先建立村级综治（群众）工作服务站。截至2013年年底，实现了全区124个村委全覆盖建设，并向有条件的居委会延伸，85个居委会中已建成56个。

——"一门式受理、一站式服务"。村级综治（群众）工作服务站将原本分散的综治、司法、信访、安全、民政等条线的工作人员集中到一个会议室，联合办公，资源共享，形成合力，群众只要进一个门，就能办多项事。

——"群众动动嘴，干部勤跑腿"。群众只要将诉求反映到村级综治（群众）工作服务站，就由具体办理人员全程帮助代办，从而推动村干部向"办事员"转变，转变了党员干部的作风，增强了基层组织的公信力。

——"六诊"工作法。村级综治（群众）工作服务站通过实施"接好门诊、定时出诊、看好急诊、耐心听诊、技术会诊、及时转诊"的工作方法，零距离服务群众、理顺矛盾、倾听民声、落实整改。

2013年，金山区各服务站累计直接受理事项28307件，帮助群众代办事项7672件，向群众提供各类服务59368件，化解矛盾纠纷2185件，全区信访总量同比下降24.7%，基本实现了"小事不出组，大事不出村，难事不出镇"。

实践证明，村级综治（群众）工作服务站集中办公于一室，整合资源于一体，协作共赢于一方，将分散的五根手指握成一只拳头，实现了"1加1大于2"的良好效果。

结对共创"三个一"

众所周知，平安建设工作的重点在基层。但基层存在资源有限、力量有限的短板。与此同时，金山区综治委成员单位开展平安建设需要阵地和平台。

为凝聚合力，共建平安，金山区综治委当起了红娘，开创性地推出了结对共创"三个一"活动，为区综治委成员单位和基层街道牵线搭桥。

所谓"三个一"活动，即一个非街镇（工业区）的区综治委成员单位与一个街镇（工业区）结对，借助区综治委成员单位的职能优势和部门资源，项目化推进一项与综治、平安建设密切相关的工作，共创一个具有金山区特色、全市有影响力的亮点和品牌。

2013年，金山区34个综治委成员单位与11个街镇（工业区），围绕综治、平安建设工作，共同拟定了44个结对共创项目。强弱结合，以强补弱，收效明显。

——区科委和金山工业区结对，争取项目资金建设职工公寓，规范来沪人员的服务管理。

——区卫生局和容易滋生无证行医行为的金山卫生镇结对，街镇以排查通报为主，对举报属实的线索，由区卫生局给予每条100元的奖励；卫生执法部门以打击整治为主，并将整治结果告知所属街镇，便于跟踪排查，防止"回潮"。

——区教育局和全区仅有的1所非法学前儿童看护点所在地漕泾镇结对，于当年第二学期开学前实施整体搬迁，幼儿顺利得到分流。

——区法院、区民宗办和朱泾镇结对，发挥法院的法宣优势和民宗部门联系广泛的优势，利用朱泾镇的阵地优势，建设平安法制宣传一条路，开展网上平安社区建设。

百尺竿头更进一步。2014年，金山区36家综治委成员单位和11个街镇（工业区）结对共创51个项目，参与面及项目数和去年相比均有提升。

建立可防性案件排查整治机制

金山区为改善基层单位治安环境，建立了基层单位可防性案件排查整治工作机制，由区综治办会同区公安分局组织各基层派出所，排查本辖区入室盗窃、盗窃"三车"（汽车、摩托车、自行车）和诈骗案件等三类可防性案件的案发情况，每两个月梳理、拣选出案件多发小区，逢单月10日以《排查情况通报》的形式进行挂牌督查。

对可防性案件多发的小区，全面查清原因，对症下药，"什么问题突出就重点整治什么问题，哪里治安混乱就重点整治哪里"。

2013年该项工作共开展5轮，对可防性案件相对多发的40个村（居民小区）进行了挂牌整治，涉及8个街镇（工业区）28个村居委，效果立竿见影。

——金山豪庭小区对破损围墙、照明路灯及时进行修复、更换。

——东泉小区对靠近住宅、容易被犯罪分子攀爬的高大树枝进行修剪。

——棕榈湾小区加装视频探头67只，覆盖每个楼道。

——金山卫镇绿地小区和朱泾镇金来苑系列入室盗窃案、吕巷镇龙跃村系列入农宅盗窃案等一一告破，有力地打击了犯罪分子的嚣张气焰，保护了居民群众的财产安全。

构建小区治安防范评定新机制

老百姓看平安，首先看治安。

金山区共有居民住宅小区227家，由于地处远郊，居民小区规模相对较小，治安防范设施覆盖率、完好率和小区保安人员配备偏低，导致近几年居民小区刑事案件案发率偏高，居民群众意见颇大。

为全面提升小区居民安全感和满意度，金山区综治办、区公安分局、区房管局在深入调研的基础上，从"汇集民力、夯实基础"的角度出发，提出了对各小区治安防范开展"星级评定"的设想。

从小区发案、保安队伍、安防设施、管理措施、工作制度等五个方面全面衡量居民小区治安防范水平，实行"星级评定"。

记者在采访过程中了解到一个典型案例。位于金山新城的三岛龙州苑小区曾是入室盗窃、盗窃"三车"案件高发小区，近几年年均发案达数十起。自实施"星级评定"后，小区所属居委会和小区物业公司在星级评定领导小组的指导下完善了安防设施，并严格落实进出登记以及保安巡逻、视频巡查等工作制度，使小区治安防范形势明显改善。2013年，该小区盗窃案件锐减至两起。

2013年底，金山区综治办会同公安、房管部门开展评定和授牌，共有124个居民小区申报。最终授予朱泾镇"紫金名苑"等12个小区为治安防范三星级小区；枫泾镇"桥英花苑"等24个小区为治安防范二星级小区；山阳镇"世纪城"等41个小区为治安防范一星级小区。

立足于小区"大防控"理念的星级评定机制，创建了居委会、物业、小区居民三方合力、齐抓共管的格局，促使治安形势日趋好转，受到了居民群众的一致好评。

2013年，居民小区公众安全感测评、公共场所安全感测评双双获得全市第一。

开展平安志愿"千百十行动"

金山区积极搭建平台，引导更多群众参与社会治理，实现自我服务、自我管理，在全区组织开展了平安志愿服务"千百十行动"，即精简千名平安志愿者队伍、建设百个平安志愿服务岗、优化十个平安志愿服务项目。

截至目前，全区社会面防控（地区）类平安志愿者3671名，行业（条线）类平安志愿者259名，全部进行实名登记，制作胸卡挂牌上岗。同时，在全区居民小区统一建设125个平安志愿服务岗，建设经费由区财政承担。

2013年，全区参与平安志愿服务总计145524人次，其中社区巡查守护109648人次，重点对象安帮稳控17968人次，参与化解矛盾8872人次，排险救灾3804人次，助人解难5712人次。

——朱泾镇"老战士巡逻队"有次发现一个"生面孔"，在楼道里猫着腰，半分多钟都没有打开一辆电瓶车，立刻有所警觉，上前询问，及时防止了一起盗窃案件的发生。"老战士巡逻队"成立以来，该居民区的91个楼道保持零案件发生。

——廊下镇成立了由村（居）委、职能部门干部20多人组成的网络舆情平安信息员队伍，负责网上答疑、信息反馈、政策宣传和舆情引导工作，共收集有价值的社情民意近60条，其中可能引发矛盾纠纷的信息7条，为维护现实社会稳定发挥了重要作用。

金山区平安志愿者充分发挥了"信息员""调解员""巡逻员""宣传员"作用，真正成为一支"平时看得见，急时拉得出，关键时刻用得上"的群防群治中坚力量。

瑞华社区服务中心"五措施"做好社会治安综合治理工作

瑞华社区社会治安综合治理工作，紧紧围绕维护稳定、加强防范、努力提升群众安全感为主线，在辖区开展社会治安综合治理的各项工作。

一、加强领导，健全机构。为确保区域内综治工作的顺利开展，将各项措施落实到实处，成立瑞华社区服务中心社会治安综合治理领导小组，形成了由党委领导亲自抓，分管领导具体抓的工作机制。领导小组在社区城市管理部下设办公室，负责日常事务。

二、大力宣传，提高居民自我防范意识。充分利用中心和各居委会的展板、宣传栏，悬挂横幅宣传安全生活小提示，发放安全防范常识宣传资料，强化居民自我防范意识。同时定期向居民宣传近期治安状况，包括近期打击犯罪成就、治安危害易发点、安全防范要点及如何避免人身财产损失，切实提高居民自我防范意识和努力营造良好的群防群治社会氛围。

三、整合"人防"资源，提升联防质量和管控率。一是整顿完善中心组建的夜间治安巡逻队，严格落实工作要求中的值班时间及查岗制度、巡逻路线、巡逻记录管理、交接班及巡逻器材管理存放制度。制订实施考勤及奖励制度，将治安巡逻小分队经费支出纳入财务预算。二是整合红袖标、小喇叭、公益性岗位成员等治安方法队伍，叉时巡逻，提升巡逻质量；专兼职相结合，治安巡逻小分队、红袖标作为专职巡逻力量，小喇叭、4050人员作为特定时段巡逻成员。同时还将充分调动小区居民树立"我为别人守一夜，别人为我看一月"的自愿意识，达到"群防群治，群治群安"。

四、规范物防技防，着力提升小区居民安全感。一是全面展开辖区内老旧家属区防盗门安装改造工作，努力提高小区物防及治安防范工作。同时继续完善小区防盗门改造，通过努力，瑞华社区防盗门安装覆盖率达98%，最大限度地提高小区治安防范能力。二是全面普及"平安E家"报警电话入户安装工作。中心通过开展"平安E家"防盗报警器现场咨询、发放宣传资料、现场演示等方式进行宣传，按照"居民自愿、政府补助"的原则，现场登记需要安装的小区居民，然后工作人员上门安装。对已安装用户进行电话巡访，查找不足，找出影响群众安全感的因素，分门施策，逐步化解，尽最大努力让群众满意。三是区别对待，有所侧重。大兴星城、中兴世家属新型封闭式社区，基础设施完善，配套齐全，有专业的物业管理公司，"物防"相对成熟，重点在做好"四防"宣传，同时督促指导小区物管开展各项治安防范工作；针对动力厂、螺栓厂、华阳等老旧半封闭型小区，缺乏专业物管，加之人口流动性大，既要做好"四防"宣传，又要加强与小区综合处及托管站的联系，形成齐抓共管局面，同时加大人防物防技防力度，加强小区巡逻密度。

五、加大信息对接，确保平安创建的顺利开展。一是统筹内部工作，合理评估社会风险等级，制定有效规避风险的方案，统筹反邪、禁毒、信访、人民调解、流管等工作，热情服务，提高办事群众对平安创建工作的认可度和满意度。二是加强和指导部门、居委会、"人防"人员的信息对接，最大限度地延伸社会触角，挖掘潜在风险，积极配合公安部门打击各类犯罪行为，确保居民平安。

问题思考：

1. 金山区在社区治安防治工作中构建了哪些网络？

2. 结合以上两个案例，谈谈在开展社区治安建设工作中可以调动社区哪些人力资源，进而构建一个有效的治安防控体系？

工作任务分解与实施

社区综合治理主要涉及社区违法犯罪行为防控、社区人口管理以及社区居民矛盾排查调处等一系列影响社区居民生命财产安全和正常生活秩序的活动的管理工作。社区违法犯罪行为是危害社区治安安全的重要因素，每个社区都在高度重视社区违法犯罪行为的防控工作。

一、社区违法犯罪行为防控

(一)社区违法犯罪行为防控的概念

社区违法犯罪行为防控是在社区层面,社区工作人员根据国家的相关法律、法规,对社区内发生的违法犯罪行为进行预防和控制。每个社区中的违法犯罪行为都应得到高度的重视,因为它是社区群众生命和财产安全的重大威胁。为维护社区的安全稳定必须加强对社区内犯罪行为的防控,这也是建设社会主义和谐社会的必然要求。

(二)社区违法犯罪行为预防的原则

1. 坚持依法打击违法犯罪的原则

社区内违法犯罪行为主要包括两种类型,即一般的违法行为和严重的违法行为。一般的违法行为主要指违反社会治安管理处罚法的行为,而严重的违法行为是指刑事犯罪行为。这两种行为都会对社区生活带来危害,是刑事犯罪行为的危害性更大。依法严厉打击违法犯罪行为,保护社区居民的生命和财产安全是有关部门义不容辞的职责。

2. 坚持"群防群治"和"综合治理"的原则

社区居民是违法犯罪行为的主要受害者,对社区情况也最为了解,因此要广泛发动群众参与社区违法犯罪行为防控体系。还要建立有效的治安责任制,明确社区物业管理公司、社区工作人员和群防群治董事会的职责,并制订了一整套严格的规章制度。另一方面,狠抓社区综合治理工作,建立健全社区综合治理领导机构,针对社区特殊群体开展帮助教育,预防和减少重新犯罪。

3. 坚持防控结合、预防为主的原则

"惩前毖后、治病救人"也是我国法律的一个基本原则,社区违法犯罪行为危害性大,必须严厉打击,但惩罚不是构建和谐社区的目的和手段。同时,我们更应该结合一系列的预防措施,消除产生社区违法犯罪行为的根源,有效预防社区违法犯罪行为。社区违法犯罪行为的预防和控制应该同时进行,而且要以预防违法犯罪行为为主,这样才能更有效地杜绝违法犯罪行为,最大限度促进和谐社会的建设。

(三)社区违法犯罪防控的内容

依据我国《民法》《刑法》等相关法律,社区违法犯罪防控是对社区违法犯罪行为的预防和控制,主要包括对刑事犯罪行为和违反社会治安管理处罚法的行为的防控。所谓刑事犯罪是指一切危害国家主权、领土完整和安全,分裂国家、颠覆人民民主专政的政权和推翻社会主义制度,破坏社会政治秩序和经济秩序,侵犯国有财产或者劳动群众集体所有的财产,侵犯公民私人所有的财产,侵犯公民的人身权利、民主权利和其他权利以及其他危害社会的行为,依照法律应当受到刑罚处罚的行为。

刑事犯罪行为因其较高的社会危害性,公安机关等部门必须严厉打击,不能姑息养奸,必须及时、有效地遏制犯罪者的行为,切实为群众负责,保护人民的生命、财产安全。较刑事犯罪来说,一般的违法行为危害程度较低,但是不能因此就放松对这一违法行为的制裁,否则会增加诱导刑事犯罪行为的概率。

二、社区违法犯罪行为防控体系

只有充分发挥社会各方面的力量，采取综合治理的方式，以人防、技防、物防协调的思路，构建多层面、全方位的工作方法方能确保社区的良好治安状况。

1. 人防

这里所说"人防"，并不是传统意义上的人防工程，而是指公安机关等部门的警力，以及社区保安等治安人员。他们是社区安全的屏障，是防控社区违法犯罪行为的主要力量。

目前，许多社区都设立了社区警务室，但是设立范围还是太小，并且配置标准也参差不齐。笔者认为，应该统一已经建立的社区警务室，包括确立负责人，固定常驻人员与值班人员数量，统一着装、配置器械，做到警务前移，警力下沉。具体来说，应当按照社区人口的比例设立警务室，做到每个社区都要设立警务室，大的社区设立两个以上的警务室。针对当前社区警力不足的情况，可以通过转变职能，精简合并的方式，将富余的警力充实到社区警务室。同时，警务人员应当定时定期地开展治安巡逻防范，开展调查工作。

除公安警力、社区保安外，社区居民也是人防的重要力量，他们与治安人员构成了一道防控违法犯罪的坚固防线。社区的基层组织应当通过各种途径将社区居民组织起来。每个社区的居委会、治保会、调解委员会等基层群众组织应加强对社区人员的管理，承担社区开展治安综合治理工作日常的办事活动。这些群众组织的优势在于其组成人员来自于社区的常住人口，他们居住在社区，熟悉本社区的人口、公共场所、各单位等基本情况，有利于深入群众，发动群众。便于听取群众意见和建议，搜集反馈与社区治安有关的各种信息，也便于开展互看互助、守楼护院等治安联防行动，协助社区警务人员开展工作。

2. 物防

具体做法有：安装小区监控装置，对小区的公共区域加强监控；安装小区楼道防盗门、可视对讲门等，对居民小区实行封闭式管理；加强小区智能门建设，严控外来人员进出小区；动员居民家庭安装防盗门窗，居民小区封闭围墙等。

加强社区基础防范设施建设。国外在预防社区犯罪方面非常重视基础设施建设，开始设计房屋时就考虑防范的功能，警方也积极参加建筑物的设计，提出预防犯罪的方案。例如美国为了防止机动车被盗，建议居民将停车场的通道建成 S 形，将房门做成实心加厚的木门，将自家的门牌号码标识做成夜光的，并安置在门外明显的位置，在社区明显位置悬挂"您已进入邻里守望地区"的警示牌，以达到震慑犯罪的目的。

3. 技防

技防的全称是科技防范，是利用现代科技的力量实现安全防范的目标。技防是社区安全防范的有效载体，在社区建设中发挥着重要的功能。技防主要是通过智能化的安全系统实现有效防范，如门禁系统、报警系统、监控系统等。

因为"技防"需要大量资金，而社区很有可能承受不了，也不一定处处都需要，所以可以选择重要地区重点预防，安装住宅区电子遥控门和对讲系统，安装红外线报警系统和电视监控摄像头，完善闭路电视监控系统，使社区得到更全面的保护，进一步预防违法犯罪。

三、社区违法犯罪行为防控网络

1. 健全社区群防群治工作网络

进一步加强法制宣传力度，调动居民主动参与治安防控工作。通过设立户外公益广告，张贴宣传画，悬挂宣传标语，开展咨询活动，出动宣传车，组织文艺会演，开辟宣传专栏，组织普法知识竞赛，发放《致社区居民的一封公开信》等灵活多样的形式，加强对居民治安防控意识的教育，引导居民正确运用法律武器保护国家、集体、个人的合法权益，提升辖区居民遵纪守法的自觉性，不断提高居民的防范意识和防范能力，号召全体居民主动投身于治安防控体系建设，进一步增强居民同违法犯罪行为做斗争的勇气，为群防群治工作的顺利开展营造良好的舆论氛围。

进一步加强群防群治队伍建设。要继续坚持专群结合、依靠群众的方针，按照职业化和志愿者队伍相结合、有偿服务与义务巡逻相结合、政府组织与群众自防自护相结合的思路，进一步发展壮大群防群治力量，使每一个社区都有一支不瘫不散、稳定可靠的治安防控队伍，夯实维护社会治安的群众基础。

一是提升专职巡逻队员的素质。积极录用工作责任心强、业务素质高的地方热心青年为专职巡逻员。采取定期举办业务培训、知识讲座等方式，对治安基础知识、办案技巧、新的工作方式方法等理论和业务知识进行比较系统、深入的培训，同时建立考试机制和考核机制，对队员定期进行考试和考核，切实达到提高人员素质，增强工作能力的效果。

二是进一步扩充义务巡逻员队伍，不仅将社区内的复员军人、社区干部、党团员、治安积极分子吸收到队伍中，还可以将退休的老党员、老干部、低保户中的年轻力壮者充实到义务巡逻队中来。

三是确定楼栋热心人搞好守楼护校工作。楼栋热心人对周围的住户都比较熟悉，容易发现陌生人的来往，对制止犯罪发生或侦破案件能起到积极作用。

四是选择环卫工人、清扫员、的哥等特殊行业的热心人为耳目，充分发挥他们的职业特点和优势，引导其成为一支维护社区治安的生力军。

大力推动"户院联勤"治安防控建设。在充分发挥派出所、巡逻队等治安防控的同时，将各社区的楼栋划分为若干个组，实现户与组联系、组与社区联系、社区与派出所联系的户院联勤的治安防控体系。每户与社区签订治安责任状，使人人成为治安员，形成全员抓治安、户户搞防控的浓厚氛围。

要加大技防，提高社区的治安防范能力。要充分利用现代媒体快速直观等优点长处，经常用生动的案例教育引导广大公民学习治安防范的常识，不断提高居民基本的防范素质，最大限度发动广大群众参与社区治安综合治理，达到齐抓共管的效果。对具备条件的居民区，积极推进准物业的管理，安装先进监控、报警防盗设施，增强居民区的防控能力。

2. 健全以社区警务室为核心的基层治安防控网络

社区警务室在社区治安防控体建设中具有举足轻重的作用。我们必须加强社区警务室规范化建设，不断探索社区警务工作机制，真正将社区警务室建设成为社区治安防范的前沿、服务社区群众的窗口、联系群众化解矛盾的阵地。

一是加强硬件建设。每个社区专门设置社区警务办公室，按标准化要求配齐相应办公设备，各项职责制度规范上墙；强化工作重点。将矛盾纠纷排查调处、社区矫正、治安巡逻作为社区警务工作的重点，有效减少社区不稳定因素。有效遏制盗窃、赌博、打架斗殴等现象。

二是加强社区警务室软件资料规范化建设，完善流动人口社区矫正、义务巡逻、矛盾纠纷等十大项工作档案。定期在居民中进行社区民警满意率调查，将民警的工作表现和业绩作为年度考核奖惩的依据。

3. 健全重点群众违法犯罪预防工作网络

一是加强流动人员管理。大开发、大建设，带来了大量的流动人员，而所有案件中外来人员违法犯罪的比例最高。因此，对流动人口要坚持管理和服务并重原则，引导外来人口合理有序流动，按照"谁用工、谁管理"的原则，加强流动人口落脚点的管理，预防和减少流动人口违法犯罪，建立健全流动人口管理档案。

面对外来流动人员中的少数违法犯罪分子，仅仅依法采取打击惩治手段，还不能有效减少社会对抗因素，因此，我们必须积极从构建和谐社会的要求出发，着眼于从源头上建立预防犯罪机制，通过落实科学发展观、以人为本的亲情服务，最大限度地创造条件，最大限度地消除不和谐因素。一是抓好出租房屋管理，让外来务工人员居有其所。二是开展人文关怀，引导用工单位确立"管理外来人员不如服务外来人员，改造外来人员不如感化外来人员"的理念，采取各种措施，努力解决外来人员最关注、最直接、最现实的问题，如子女入学等。与此同时广泛开展维权活动，积极为外来人员解决劳资纠纷，并在法律援助、介绍就业等方面提供帮助，通过亲情服务，使他们倍加珍惜、自觉维护和谐稳定的工作环境。三是强化教育培训通过努力提升思想素质、法律素质等，使外来人员远离犯罪，养成依法办事的习惯，懂得通过法律途径表达利益诉求。组织部门适时开展劳动技能培训，提高他们的就业本领。公、检、法、司等部门广泛开展送法上门活动，使他们增强法制观念，争做守法公民。

二是认真开展预防青少年违法犯罪工作。近年来，青少年犯罪案件有上升趋势。我们必须坚持学校、家庭、社会相结合的方针，共同做好青少年思想工作。广泛开辟青少年活动场所和阵地，保障和促进青少年的健康成长，要特别加强对在校学生的教育管理，采取坚决措施，控制中小学生流失率，全面实施对轻微犯罪青少年的"挽救工程"，严格预防违法犯罪，有效控制青少年违法犯罪率和中小学生流失率。

三是做好刑释解教人员的安置帮教工作。坚持组织协调一体化，就业安置市场化，帮助教育市场化的思路，加强对刑释解教人员的安置帮教工作，做到底数清、情况明。管准管好，预防减少重新犯罪，刑满释放不满5年的人员重新犯罪率控制在2%以下。

4. 健全点、线、面相结合的治安防范工作网络

一是突出点的防控。一是在社区治安复杂地区和重点路段增设治安报警点和治安卡点，确保派出所对辖区发生的刑事、治安案件能够在最短时间掌握，进一步方便群众报警。一旦发生警情，警力能够在五分钟内集合完毕，迅速封锁交通要道和主要路口，形成"关门打狗"之势。二是建立防控支点。将社区内重点单位、行业、场所作为防控支点，逐点建档，跟踪管理，及时掌握了解情况。三是针对重点人员建立控制点。在可能涉嫌

犯罪人员等对象周围，通过布建耳目等手段，对其进行全方位秘密控制，及时掌握动态。

二是抓好线的防控。采取车巡、路巡方式加强对社区路面的巡逻，即时发现各类案件，威慑犯罪分子。建立交通沿线快速处置机制，以派出所为中心，以布局合理的道路防控区和卡点为依托，以公路巡逻员和眼线警力为先期处置力量，在个社区加强了公路沿线的治安巡控布局。规范巡逻方式。针对辖区治安状况的变化，及时调整确定巡逻防范的重要路段和区域，白天为常规段，由责任区民警带领巡逻队员结合日常工作进行巡逻；夜间作为重点段，由值班领导带队，对重点段进行巡逻，旨在提高辖区的"见警率"，增强管控能力。

三是开展面的防控。通过有效结合各类综合资源，调动各种综治力量，实现对社会面的全方位覆盖。着力编织信息网。充分发挥信息源的积极作用，建立一张动静结合、布局合理、触角灵敏的情报信息网，及时掌握辖区内的治安信息。努力构建三级联动机制。将住户、单位、社区联合起来，开展广泛而有针对性的治安联防协作机制，达到案件协查、信息共享、共同防控的目标。

必备知识

什么是社区

"社区"本是社会学的一个专用名词，但是在现实生活中运用十分广泛，可以说是随处可见。城市和农村的居住区被称为社区，房地产开发商建设的居住小区也被称作社区，网络社会中还有"虚拟社区"。在人们的观念中，它不仅仅是一个居住区，还是一个行政区划的概念。实际上，日上生活中使用的社区概念和社会学理论中的社区概念有很大的区别。

有关社区的概念，有一百多种。社会学中，最早研究社区问题的是德国的社会学家滕尼斯，他在 1887 年出版了《共同体与社会》一书，在其这部著作中对社区进行了详细的论述。在滕尼斯看来，"社区是一种由同质人口组成的具有价值观念一致、关系密切、出入相扶、守望相助的富有人情味的社会群体"。在社区中，个人与社会的一致性表现为有共同的价值取向，有亲密无间的关系，有强烈的归属感。这样的群体产生于对亲属连接的依赖以及血缘关系的延伸，是超乎人们选择的，是自然形成的。美国社会学家帕克是最早给社区概念下定义的社会学家之一。在他看来，"社区的基本特点为：一是有按区域组织起来的人口；二是这些人口不同程度地与他们赖以生息的土地有着密切的联系；三是生活在社区中的每个人都处于相互依赖的互动关系"。

随着经济的发展、社会的变迁，社区的内涵、外延功能及形态将不断更新，并日益丰富和复杂。综合社区发展的历史进程和社区理论的历史，我们给社区下一个比较宽泛的定义：社区是一种区域性的社区生活共同体，是指居住在一个区域内共同生活的人群，他们进行相互联系的各项活动，从而形成在一定区域内共同生活的集体。一般为区域性的，规模较小的基层社区。

在社区工作者眼中，社区是一个可进行实践的场所，是社会工作者试图解决社会问题的出发点和终结点，是改变社会的方式和载体。

拓展训练

　　福泽雅园社区是 2009 年形成的位于城乡接合部的大型社区，居住人口达 8 万人。社区居住人口以非户籍、流动人口为主体，社区物业管理水平低下，维修滞后，小区的单元安全门系统都已损坏，形同虚设，居民财物丢失的情况时有发生。由于社区居住人口流动性强，文化层次相对较低，职业稳定性差，再加上物业管理水平低，只有一名社区民警，因此该社区违法犯罪事件时有发生，给社区居民生活造成了不利影响，直接影响了社区的公共安全和居民的安居乐业。为了尽快改善社区的公共安全隐患，该社区准备策划社区违法犯罪防控的实施方案。

　　问题思考：

　　请你根据所学知识，制订一份福泽雅园社区预防违法犯罪的实施方案。

推荐阅读

　　1. 贾征，刘化杰. 社区治安与综合治理. 北京：中国社会出版社，2005

　　2. 滕五晓. 社区安全治理：理论与实务. 上海：上海三联书店，2014

任务二
做好社区人口管理

学习目标

知识目标：认知社区人口管理、常住人口、流动人口的概念。

认知社区人口管理面临的新特点。

认知社区人口管理的内容。

能力目标：能够根据社区人口管理的基本知识，有效实现社区人口管理的目标。

工作任务描述

案例：香积社区做好流动人口工作，努力提高社区管理水平

香积社区是典型的城乡结合管理体系，农居房192户，流动人口7000人左右，因小区附近有钱江市场、通信市场等大型市场，大量流动人口涌入，使流动人口和出租房屋管理难度加大，形成外来人口比常住人口多的现状，也带来社区治安管理方面的困难。为此，如何适应形势、服务流动人口，认真思考和积极了解流动人口管理新模式，已经成为维护社区和谐稳定的重要课题。

社区工作人员切实做好流动人口和出租房屋服务管理工作，努力提高社区管理、服务流动人口的水平，不断优化社会和谐稳定，创新工作模式。

一是建立健全管理机构和网络

按照大关街道对流动人口及房屋调查工作的全面铺展，我社区成立了以党总支书记为站长，社区民警和综治专管员为联络员，分管流管工作的专职人员为兼职人员，其他工作人员为协管员的流动人口服务管理工作站组织机构，负责整个流动人口服务管理工作。

二是加强流动人口协管员队伍的建设和管理

流动人口协管员是大关派出所委派社区招用、协助社区开展流动人口综合管理和服务的工作人员。专职流动人口协管员以社区为单位，按辖区实有农居出租房屋每20户到30户配备1名专职流动人口协管员，居民出租房每200～300户配备1名专职流动人口协管员，以社区为单位实行网格化管理，落实流动人口出租房屋日常管理责任。

三是明确相关责任人

要求劳动保障工作人员、计划生育工作人员、综治工作人员及分管就业人员均要协同负责贯彻落实上级流动人口和出租房屋管理工作要求，积极配合街道、派出所等职能部门做好流动人口和出租房屋管理工作。

四是加大宣传力度，开展群众动员工作

为顺利加强流动人口管理工作，我社区认真了解流动人口的居住和工作情况，通过张贴海报、告示、标语、发放宣传资料等进行了大量宣传、动员工作，真正做到家喻户晓，争取居民的配合支持。

五是社区一站式的服务

1. 综治宣传服务：第一，开展入户宣传，协调有关部门、社会团体和企事业单位，围绕"树立婚育新风，倡导生育文明"这一主题，开展社区文化宣传，发放宣传品，将科学的婚育观念、现行的计生政策传递给流动人口，使他们在潜移默化中更新婚育观念。第二，抓好出租房管理（即房东管房客），对房屋出租及承租人情况进行登记，签订出租房屋流动人口管理协议，流动人口协管员采取动态管理形式定期或不定期的回访，及时了解出租房屋情况，如有变动及时更改租房信息。第三，对流动人口集中小区进行多次巡逻，对人口聚集地进行暗访，并及时上报至街道领导。

2. 计划生育服务：第一，为流动人口免费办理"流动人口婚育证明"，并利用全员流动人口信息网络平台，采集、建档、录入、查询、反馈、更新流动人口信息，努力完善流动人口信息档案，畅通与户籍地的联系。第二，查验流动人口婚育证明，对没有办理流动人口婚育证的流动人口及时将管理告知书发放到育龄妇女手中，督促其尽快办理婚育证，与出租房东和店面签订责任书，落实责任制。第三，保健服务，定期为流动人口举办优生、优育、生殖健康讲座，开展义诊活动。为已婚育龄妇女进行一年两次免费健康B超检查，指导她们选择安全有效的避孕节育措施，免费提供计生药具。第四，与流动人口户籍所在地保持经常性联系，由协管员及流动人口专管员负责，一旦出现计划外怀孕、生育现象，及时通报其户籍所在地人口计生部门，并将情况上报街道计生办。

3. 劳动保障就业服务：第一，联系辖区单位，给流动人口发放就业宣传资料及介绍工作，并定期进行就业技能培训。第二，安排符合条件的小额贷款，带动流动人口在辖区内的创业激情。第三，建立便民服务橱窗，为流动人口提供房屋租赁信息、就业培训与就业推荐。

4. 法律维权服务：第一，定期组织流动人口学习相关法律法规，使他们在遵纪守法的同时，知道如何运用法律手段维护自己的合法权益。第二，流动人口在劳动维权、夫妻财产和邻里关系上出现纠纷时，社区免费为他们提供律师咨询、法律援助，维护他们的自身权益。同时，社区公布维权热线，方便流动人口咨询。

由于我们抓平安创建工作得力，赢得了群众和流动人口的广泛信任，工作上变被动为主动，上下同心齐抓共管，确保社会长治久安。我们将在新时期与时俱进，研究出更好的办法，总结出更多的经验，共同创造出一个居民群众满意、流动人口放心的安全文明社区。

问题思考：

1. 社区流动人口管理的主要内容有哪些？

2. 如何对社区流动人口进行有效管理？

工作任务分解与实施

社区人口管理是指对社区内人口事件和人口行为实施管理的过程，是社区综合治理的重要内容之一。社区人口管理包括对社区内常住人口的管理和对流动人口的管理两个主要方面。

一、基础概念

(一)社区常住人口

常住人口是指实际经常居住在某地区一定时间(指半年以上)的人口。按人口普查和抽样调查规定，主要包括：1. 除离开本地半年以上(不包括在国外工作或学习的人)的全部常住本地的户籍人口；2. 户口在外地，但在本地居住半年以上者，或离开户口地半年以上而调查时在本地居住的人口；3. 调查时居住在本地，但在任何地方都没有登记常住户口，如手持户口迁移证、出生证、退伍证、劳改劳教释放证等尚未办理常住户口的人，即所谓"口袋户口"的人。

(二)社区流动人口

流动人口是在中国户籍制度条件下的一个概念，指离开了户籍所在地到其他地方居住的人口，但目前尚无明确、准确和统一的定义。国际上，类似的群体被称为"国内移民"。2012年我国流动人口数量达2.361亿人，相当于每6个人中有一个是流动人口。

流动人口可以分为流入人口和流出人口，流入人口是指来到该地区的非户籍人口，流出人口是指离开该地区到其他地方居住的户籍人口。流动人口根据流动性可以分为常住流动人口和短期流动人口，常住流动人口一般指在该地区居住较长的一段时间(如5年)。目前流动人口的行政管理以公安部门为主，主要抓流动人口的治安问题。劳动和社会保障、卫生、教育、计划生育、社区流动人员和出租屋管理服务站等部门分别管理流动人口的不同方面。

二、城市社区人口管理面临的新特点

新形势下，城市社区人口管理工作主要面临以下几方面的变化：

首先，常住人口迅猛增加。人口增长速度快、城市人口容量的不确定性是目前城市人口的基本特点。我国的人口管理是以户籍管理为基础的，人口、户籍的增加，自然增加了户籍管理的工作量。人口的增加，特别是户数的增加，给人口管理带来了很多的困难。传统的户籍管理模式不适应今天人口发展的现状。在人口增加的同时，人口的社会分化也日益加剧，人口结构复杂。在常住人口管理方面，由于城区改造、居民小区建设带来的人口迁移及房屋租赁、上学、工作地点变动，特别是住房条件的改善，小家庭的迅速发展等，使常住人口中人户分离现象十分突出。一方面，有大量不在管区居住的空挂户口；另一方面，还有大量户口不在管区的寄住人口。这使人口管理与住户管理相脱节，形成户籍地和寄地管理两难管、两不管的局面，人户分离现象严重。相信这在任何一个大中城市都是普遍存在的。

其次，流动人口增多，流动人口的管理问题成为人口管理的重点难点。在城市化的发展过程中，作为现代化的一般规律，必然有大规模的人口流动现象。西方国家的城市化基本上是农村居民到城市工作，农村向城市移民而形成的。而我国还处于城市化的初始阶段，表现为民工到城市打工，把城市作为暂居地，这就是所谓的民工潮。大规模的民工潮，打破了过去封闭的社会，加速了社会流动，对我国经济的发展和劳动力合理使用有着重要意义。但大规模的甚至盲目性的流动，对相对封闭的城市人口管理带来了很大的困难，对社会稳定也有着消极的影响。我国现有流动劳动力占有相当的比例，其中的大部分是流入城市。另一方面，一些城市的常住人口由于经济利益等的因素常年在外工作，成为常住外地的"暂住人口"，暂居户口所在地的"常住人口"，给人口管理带来了很大困难，也给社会治安带来了许多不稳定因素。而在暂住人口管理方面，目前也只限于有稳定住所和稳定职业的外来人口。

第三，单位的人口管理职能削弱甚至消失，受社会组织有效约束的人口比例明显下降。

计划经济时代，一个单位就是一个封闭的自成体系的系统。单位不仅是社会成员工作的场所，而且承担着全部的社会职能，不仅是社会成员经济收入的唯一来源，而且是住房、医疗等社会福利的唯一来源。成员的吃喝拉撒，生老病死都由单位承担，人若离开了单位，将无处安身，寸步难行。这种体制形成人的社会意识薄弱而单位意识强烈，单位实际上成了人口管理的重要部门。户籍管理从某种意义上讲，似乎成了人口管理的补充。人们要了解一个人住在什么地方，首先想到的往往是单位。然而改革开放后，不具备上述社会职能的非国有企业大量涌现，国有企业也开始了体制转轨，许多企业仅仅是劳动场所而已，员工的业余生活和社会劳动有了明显的分界。同时，由于社会分配渠道的增多，单位之外的可替代性社会资源增多，单位也不再是成员经济收入的唯一渠道。现在随着经济的快速发展，以单位来管理人口更是非常不现实的做法。

三、社区人口管理的内容

(一)社区人口户籍与居住管理

中国是世界上少数几个实行户籍管理制度的国家之一。常住人口户籍管理是公安机关人口管理的基础工作，是对暂住人口管理和重点的前提条件。社区是现代社会的基本构成要素，对社区常住人口的户籍管理尤为重要。当前社区人口管理包括常住、出生、死亡、迁出、变更等七项任务。

具体来说，社区户籍管理一般都有以下内容。

1. 分区编户，逐号标牌

中国户口管理有"户口段划分"和"门牌管理"两大业务，即为了区分每家每户每个人而在最基层行政区划之内再仔细管辖区，逐户编定号码，标定门牌。

2. 普遍登记，定期统计

各国的户口登记，有一个部门统一或几个部门分散进行，中国的户口登记是由公安机关户政部门统一进行的经常性登记。户口统计业务系统整理户口登记资料，供计划、管理分析研究之用。

3. 身份证件管理

现代社会对身份证件的需求日益增多，身份证件制度是否完善，已成为一国社会管理是否现代化的标志。中国从 1985 年开始实施居民身份证制度。

4. 户口调查和社区安全规范

为保证登记、统计内容的准确性，户口调查是各国户口管理的必备业务。社区户口管理的户口调查业务，由公安户政人员结合社区治安保卫工作进行。

5. 户籍档案与人口信息管理

户口档案大多长期保存，以备行政、法律事务和社会的其他需要：我国户口管理不仅在五十多年里积累了丰富的户口资料，而且经过近 20 年的艰苦努力建成了覆盖全国的人口基本信息计算机管理网络，极大地提高了为社会和公民服务的速度、质量和效能。

6. 户口迁移调控

我国十多亿人口的迁移调控主要通过户口管理来实施。几十年来户口迁移调控的成绩是巨大的，但目前面临着多方面挑战和批评、指责。中国的户口迁移调控，必须长期坚持、科学加强并不断改革，而不是废弛，更不是"取消"。

居住是人类生存和发展的最重要条件之一，居住问题是人们最关注的问题之一。对流动人口来说，他们远离家乡，更容易缺乏稳定、适宜的居住条件，所以居住问题更为重要。2012 年 2 月 23 日，中国政府网全文刊登《国务院办公厅关于积极稳妥推进户籍管理制度改革的通知》。通知提出，要继续探索建立城乡统一的户口登记制度，逐步实行暂住人口居住证制度。

社区流动人口居住管理工作主要包括以下内容。

1. 暂住证管理

暂住证这个词据说为深圳首创，是深圳移民文化的一个标志性符号，它让初到深圳的外来人口拥有了暂时居住的权利和一个身份，这个词语本身蕴含着生活的不安定性。中国"打工博物馆"的第一件展品就是暂住证。暂住证制度后来在中国流传开来，暂住证是特定时期的人口管理方式，目前中国不少地区已取消暂住证，由居住证代替。目前仍推行暂住证制度的城市有北京，上海等城市。

2015 年 2 月 15 日，国家《关于全面深化公安改革若干重大问题的框架意见》及相关改革方案，已经中央审议通过，即将印发实施。将扎实推进户籍制度改革，取消暂住证制度，全面实施居住证制度，建立健全与居住年限等条件相挂钩的基本公共服务提供机制。

2. 居住证管理

居住证是中国一些发达城市借鉴发达国家"绿卡"制度进行的尝试，为中国制定技术移民办法，最终形成中国国家"绿卡"制度积累了经验。目前北京、天津、上海、深圳、青岛、西安等城市为引进人才，相继出台了工作居住证制度。持有居住证者，在工作、生活等方面可享受当地居民的待遇。

2014 年 1 月，北京市出台规定，居住证制度将替代现行的暂住证，居住证将附加公共服务，随着使用者在京生活、工作的时间越长，公共服务也将随之"升级"。

2014 年 12 月 4 日国务院法制办就《居住证管理办法（征求意见稿）》向社会征求意见。意见稿明确居住证持有人可与户籍人口享有同等的包括免费接受义务教育、平等劳动就业等多项权利，并可逐步享受同等的中等职业教育资助、就业扶持、住房保障、养老服务、社会福利、社会救助、随迁子女在当地参加中考和高考的资格等权利。征求意见稿规定，公民离开常住户口所在地，到其他市级以上城市居住半年以上，符合有稳定就业、稳定住所、连续就读条件之一的，可申领居住证。

3. 房屋租赁管理

近年来随着我国经济建设和城市化进程的快速推进，流动人口总量急剧增长，每年进入城市务工、经商、服务等从业的流动人口已超过数亿。流动人口为我国经济发展和城市建设，方便人民群众生活方面做出了重要贡献。但也给城市带来一些社会问题，如流动人口犯罪问题、城市公共卫生问题等。这些问题往往与出租房联系在一起。为进一步加强流动人口和房屋租赁管理服务工作，促进经济、社会良性发展，加强城市房屋租赁管理是题中之意。

(二)社区人口社会救助管理

社会救助是公民因为自然、社会或个人原因生活发生严重困难时，由政府和社会对其提供基本物质保障的救助制度，是我国社会保障体系的重要组成部分。我国《宪法》规定，"中华人民共和国公民在年老、疾病或者丧失劳动能力的情况下，有从国家和社会获得物质帮助的权利"。社会救助就是体现这一规定的具体制度之一。具体来讲，我国社会救助法规与政策大体分为三类：一是困难群众基本生活救助法规与政策；二是专项救助法规与政策；三是临时救助法规与政策。

为了加强社会救助，保障公民的基本生活，促进社会公平，维护社会和谐稳定，根据《宪法》，国务院制定出台《社会救助暂行办法》。社会救助制度坚持托底线、救急难、可持续，与其他社会保障制度相衔接，社会救助水平与经济社会发展水平相适应。社会救助工作应当遵循公开、公平、公正、及时的原则。

城乡居民最低生活保障(以下简称"城乡低保")制度，是我国城乡困难群众基本生活救助体系的核心组成部分。为了规范城市低保制度，保障城市居民基本生活，国务院于1999年颁布实施了《城市居民最低生活保障条例》，各省、自治区、直辖市人民政府相继颁布了实施办法，对于城市低保中的若干问题做出了规定。为了切实解决农村贫困人口的生活困难，促进农村经济发展，逐步缩小城乡差距，维护社会公平，经过实践探索，国务院于2007年发布《关于在全国建立农村最低生活保障的制度》。该通知为解决农村贫困人口温饱问题提供了政策依据。之后，各省、自治区、直辖市人民政府根据该通知制定了农村低保制度的实施细则。2014年中华人民共和国国务院公布《社会救助暂行办法》，自2014年5月1日起施行。其中的第二章对最低生活保障作了明确规定。国家面对共同生活的家庭，给予最低生活保障。

民政部社会救助司为规范最低生活保障审核审批流程，确保低保制度公开、公平、公正实施，根据《城市居民最低生活保障条例》《国务院关于在全国建立农村最低生活保障制度的通知》《国务院关于进一步加强和改进最低生活保障工作的意见》和其他有关规定，制定了《最低生活保障审核审批办法(试行)》。

此外，我国长期以来一直在农村实行五保供养制度。新的《社会救助暂行办法》将此改为了"特困人员救助"制度，并从农村扩展到了城市。

四、融入视角下城市社区流动人口的管理创新

(一)制度改革是城市社区流动人口融入管理的环境保障

流动人口不论在劳动技能和收入上，还是在生活方式和习惯上，与城市社会相适应

和融合都需要一个过程。从历史演变的角度看，几乎在所有国家的工业化、城市化过程中都或多或少会出现过"半城市"现象。在发达国家中，虽然流动人口在居住、生活、社会认同等有和中国相似的问题，但是并没有遇到中国这样的体制隔离问题。发达国家不断出台一些社会福利和保障措施，使其更好、更早地融入城市社会。如在日本，20世纪60年代政府出台廉租房政策，就是要解决这些"半城市化"人口的居住问题。经过第一代农村移民的"半城市化"生活过程，他们的子女由于享受到与城市其他居民孩子的同等待遇，所以很快就融入城市社会，从而消解了第一代的"半城市化"问题，使得"半城市化"问题没有在第二代身上延续。流动人口融入城市是一个长期、分阶段的过程。笔者调查发现，流动人口把自己未来的归属预期定位在城市的，其最关注的利益排在第一位的是"解决小孩上学问题"为66％，排在第二位的是"解决城市户口"为44％，排在第三位的是养老问题为30％。流动人口城市融入根本上要通过制度建设来解决这一方式在学界已经达成共识。改革户籍为核心的各项制度，扩大流动人口城市融入空间是流动人口城市融入的根本。流动人口未能融入现代城市生活，城市只是他们获取经济收入的一个暂时栖居地，因此，现代城市观念和城市生活行为对流动群体只是观望和作为参考群体的影响，难以真正内化于心。由此，必须尽快打破户籍制度障碍，构建城乡一体化的教育、就业、社会保障机制以及社区生活的政策，促进流动人口融入城市，从而改变他们的"半城市化"和边缘社会生活的状况。流动人口在就业市场竞争的劣势以及健康、医疗和社会保障缺失所造成的生存边缘性，户籍制度及其附加在其上的社会福利必须通过制度的完善才能解决。

(二)参与式理念是城市社区流动人口融入管理的思维创新

"参与"的概念最早出现在20世纪40年代末期，五六十年代逐渐发展成具有实践意义的"参与"式方式，通过社会成员比较深入的全方位行动参与，发挥其积极性和主动性，同时，参与式尤其强调社会活动中全体成员在尊重差异、平等协商基础上的共同参与。

流动人口社区管理参与是指以流动人口为管理中心，了解流动人口城市社区生活的需求、所面临的问题，在为其提供帮助的基础上赋予流动人口参与社区管理的权力。同时，流动人口自身本着公共精神参与社区管理事务，推动社区发展和流动人口自身的全面发展。与传统的城市社区管理理念和方式相比，参与式社区管理要求社区内流动人口通过平等参与了解为什么要进行流动人口社区管理？流动人口社区管理的目标是什么？流动人口社区管理的内容有哪些？流动人口应该以怎样的方式参与社区管理等。参与式社区管理一般由社区管理者(居委会组织实施)将所辖社区内的流动人口登记在册，通过问卷调查或访谈的方法了解目前社区流动人口的基本信息，然后，通过采用具有双向性、趣味性和鼓励性的参与式工具，协调、促进和鼓励社区管理相关方的主动介入，鼓励相互交流与合作，通过采用具有可操作性的融入指标进行监测和评估。

(三)社会工作专业方法是城市社区流动人口融入管理的技术创新

社会工作是一种帮助人的工作，其目的在于改善个人和群体的社会功能与福利，解决并预防社会问题，维护社会正义并促进社会的和谐与发展，是以服务于社会弱势群体为目的社会福利服务。流动人口城市社区生活既有个人自身困难，如个体的城市社区生活的自身适应能力、心理问题、就业和劳动培训问题、健康问题、家庭贫困问题、子女求学问题等，也有流动人口生活于其中的城市社区生活环境影响问题，如是否被纳入城市社区管理体系、被社区当地居民接纳融入其中并参与社区管理和社区活动的成员归属问题，上述问题都是流动人口在城市社区生活时可能面临的困境。社会工作提供的社会服务有别于传统的社会服务：不仅仅根据困难提供直接物质帮助，更注重运用专业的工作手法调动各方资源提供可持续的服务，不仅仅关注流动人口生活上的困难，更关注流动人口各方面能力的建设，尤其是流动人口自身的发展动力，这是一种"以人为本，助人自助"的社会服务，是实现社会公平与和谐发展的有效路径。社会工作介入流动人口城市社区管理恰恰是社区社会工作者、参与社区管理的社会工作组织运用社会工作专业的助人方法和技巧，在政府宏观指导的大框架下进行社区服务管理，尊重人并致力于人的全面发展，动员社区内外各方资源，为生活在城市社区的流动人口排忧解难，关注并协助解决流动人口城市社区生活所面临的各种问题，协调城市社区内外各群体之间的利益关系，使城市社区成为一个和谐、有序发展、宜居的工作和生活场所。

(四)社区化多元模式共治是城市社区流动人口融入管理的模式创新

结合时代的特点、人的需要的多层次性以及目前我国各地出现的城市社区流动人口管理模式，依据"党委领导、政府负责、社会协同、公众参与"的社会管理格局，从"善治"理念出发，构建社区化多元共治模式是流动人口群体管理服务的最佳选择。在这一模式中，所谓多元指的是参与流动人口群体服务管理的主体多元，他们可以是组织也可以是个体，具体而言包括政府及其派出机构、社会组织、社会工作机构、流动人口自组织、企业组织、志愿者、社区各类相关利益主体如业委会、物业管理单位、社区居民及流动人口个体等，这些主体以不同的形式共同参与流动人口群体的服务和管理，行使主体性权力。因此，多元共治模式，简言之就是整合社会多元力量促进流动人口群体的社会协同管理和自主治理的模式。其本质是流动人口群体服务和管理主体的多元化。构建这一模式的目的在于通过多元协同共治、通过让流动人口尽可能地表达利益诉求、通过流动人口平等地参与社区组织的活动等使得流动人口嵌入到所生活的社区，即城市生活的社区化过程，进而使其由陌生的"过客"逐步转化为社区人，实现城市居民的身份认同，从而产生对社区及所在城市的认同感和归宿感。

必备知识

人口流动

人口流动不属于人口迁移，比人口迁移更为普遍和经常，流动的人口不能称为移民。人口流动分为周期流动和往返流动。

在人口统计中，将人口户籍登记地与现居住地不一致且离开户籍登记地半年以上的现象统称为"人户分离"。"人户分离"按分离的空间是否跨越省级辖区可分省际人户分离和省(市)内部跨区(县)、街道、乡(镇)的人户分离。其中，前者称为省际流动人口，是跨越省界的长距离流动，后者称为省(市)内的流动人口。

定义：由于计划体制下户籍制度的作用，传统意义上的中国人口迁移是指户籍登记地的永久性改变。而事实上，存在大量非户籍登记地或居住地非永久性的改变，这种情况常常被称为人口流动。

人口流动的规律是：

1. 从农村进入城市；
2. 从小城市进入大城市；
3. 从城区进入郊区（大城市郊区化）；
4. 进入郊区（郊区城市化，形成"大都市圈"）。

拓展训练

目前，人口流动已成为社会发展的趋势。据不完全统计，艺苑社区流动人口子女约有近一百人。受家庭、生活环境影响，这些孩子初来乍到，在思想认识、道德规范、行为习惯上明显有异于城市孩子，不少孩子甚至存在一定程度的心理阴影，使他们显得较为另类、弱势，容易受到歧视。通过社区有关领导研究，决定利用周末的时间将这些孩子集中到社区里，提供学习场地并邀请大学生志愿者为这些孩子进行学习辅导，在辅导之余还为孩子们准备了很多健康、积极、向上的娱乐活动，例如飞行棋比赛、沙画比赛等。这些活动体现出社区对困难家庭、流动人口子女身心健康的充分关注，对他们生活的充分关心，在看似简单的"聊一聊""拉一拉""玩一玩"中营造了爱的氛围，尊重困难家庭、流动人口子女的人格，滋润了他们渴望爱的心灵。

问题思考：

请对艺苑社区关心流动人口子女成长项目的效果进行评估。

推荐阅读

1. 王玉兰，唐忠新. 社区管理实务，北京：北京大学出版社，2009
2. 张真理. 社区流动人口服务管理. 北京：中国社会出版社，2010

任务三

社区纠纷调解

学习目标

知识目标：1. 认知社区纠纷调解的特点。

2. 认知社区纠纷调解的原则。

3. 认知社区纠纷多元化解机制。

能力目标：能够灵活使用社区纠纷调解化解社区纠纷。

工作任务描述

案例：小事不出院落　大事不出社区

金牛区抚琴街道西南社区摸索出"案例工作法"，化解社区矛盾效果明显。

为实现小事不出院落、大事不出社区，把矛盾纠纷化解在最基层的目标，近年来，金牛区抚琴街道西南社区结合自身实际，经过前期摸索，形成了一套化解社区纠纷调解的"案例工作法"。据了解，"案例工作法"就是将社区发生频率高、具有普遍意义的民事调解成功的个案做成规范化的案例，形成模块，并印制成《人民调解案例工作法》手册，供小区业委会、楼栋长、居民小组长等各级调解组织及调解人员学习借鉴，在处理类似信访民调事件中直接引用，就地快速调解身边发生的纠纷，减少矛盾。

经过实际运用，今年来，西南社区进入到社区层面的矛盾纠纷减少了一半，目前无一起因矛盾激化引发群体事件上访的案件。

轻松"啃"下拆违这块硬骨头

抚琴街道西南社区属于一个老社区，不少居民在公共地带搭建违规建筑。"这属于侵占公共地带，应当拆除"，西南社区党委书记周成钢告诉记者。他在西南社区做了12年的基层工作，在他的经验里，由于牵涉到居民利益，拆违一直是一项很难进行的工作，加之基层社区调解员法律水平、工作经验和生活阅历等方面的差异，调解工作进行起来很困难。

去年6月，西南社区的拆违工作又一次拉开序幕，不过这一次周成钢很有信心把这块难啃的"骨头"啃下来，因为他和社区调解员探索的一套"案例工作法"已经趋于成熟，并在调解纠纷工作中运用广泛。

抚琴街道西南街45号院2栋的一位底楼住户，在自己房屋旁的一块空地上搭建了一间15平方米的房屋用来居住，听到要遭拆除，最初不能接受。社区调解员分两个流程进行调解：首先，从法律法理上判定行为的是非对错，告知住户搭建违规建筑侵犯了公共地带，如果不予以拆除，就是违反了《城市管理》相关规定，社区可以进行强拆；然后，给予调解纠纷的配套处置方法，告诉住户如果在拆迁上有困难，可以向社区提出申请，社区请人拆除。相应的法律法理和解决问题的办法摆出来，调解员在避免和住户发生矛盾的前提下成功将违建拆除。

就这样，周成钢和社区调解员对搭有违规建筑的居民挨个讲法说法，不到两个月时间，辖区范围内 20 多处违规建筑都被成功拆除。

运用法治思维　纠纷调解有法可依

周成钢告诉记者，"案例工作法"在纠纷调解中能起到作用，主要在于它运用法治思维，让纠纷调解有法可依，居民能够信服。

据了解，西南社区在总结以往典型案例调解成功经验的基础上，筛选了一批社区群众反映突出、涉及群众切身利益、发生频率高、有普遍指导意义的不同类型的矛盾纠纷，从调解引用的法律法规依据、讲理讲情方法、调解时机把握和处置流程等方面，梳理并制作成规范化的调解"案例"工作流程模型，在遇到化解类似纠纷案件中直接引用。

相关法律专家对收集到的居民生活中常见的 106 个纠纷案例处理方法进行分类整理。目前西南社区形成了婚姻、邻里、扰民等 16 个类别的纠纷处理方法，并汇总印成《人民调解案例工作法》手册，在整个金牛区各社区推广。此外，该社区在今年针对我市"北改"发展战略，围绕涉及拆迁安置、物业管理、财产分割等 18 个类别纠纷调处化解，再次筛选了 86 个矛盾纠纷典型案例，邀请法律专家整理提炼相关调解法律法规政策和配套处置方法。

方法简单易复制　纠纷化解在最基层

周成钢说，"案例工作法"是在对个案纠纷调处方法整理归纳基础上形成的便捷高效的"模块式、流程式"纠纷处理办法，具有操作程序化、规范化的特点，简单易复制。将《人民调解案例工作法》手册分发到社区内小区业委会、楼栋长、居民小组长手中，既作为向群众广泛宣传的法制教材，又作为小区业委会、楼栋长、居民小组长调解居民院内发生的类似纠纷依据。遇到类似纠纷时，先让双方当事人查看相关案例模型，再依据模型流程进行"断案"，这样，调解员和双方当事人都能清楚地知道责任划分和法律义务，让双方当事人心服口服。

"运用'案例工作法'效果明显"，周成钢告诉记者，在运用"案例工作法"之前，面对各类纠纷，由于社区调解员调解水平和知识有限，有时费很多时间也抓不住解决问题的关键，使一些纠纷久拖不决，即使调处同一类纠纷，不同的调解员说法不同、处理方式不同导致群众误解，不但没解决问题还出现激化矛盾的情况。"现在，社区绝大多数纠纷直接由小区业委会、楼栋长和居民小组长熟练运用'案例工作法'解决，快速调解身边发生的纠纷，大大减少矛盾上行，促进群众彼此间相互谅解，自治意识明显增强，让小事不出院落，大事不出社区。"

据了解，今年来，西南社区进入社区层面的纠纷案件只有 13 件，有一半的纠纷直接当场化解或被遏制在萌芽状态。

工作任务分解与实施

一、社区纠纷调解的定义及原则

1. 社区纠纷调解的定义及分类

社区纠纷调解是在平等自愿的基础上，对社区内公众之间、公众与法人或其他组织之间的有关民事权益纠纷，用说服，教育、疏导的方法，通过平等协商来解决双方或多方当事人之间的矛盾纠纷，维护社区秩序。

按照不同标准，社区纠纷可分为不同种类。

以社区主体为标准，可分为：社区居民之间的纠纷，包括常住居民之间的纠纷、常住居民与流动居民之间的纠纷；社区居民与社区组织之间的纠纷；社区个别性纠纷。

根据纠纷的严重程度可分为：社区民事纠纷、社区行政纠纷、社区刑事纠纷等。

根据规模大小不同，社区纠纷可分为：社区群体性纠纷，社区个别性纠纷。

根据纠纷紧急程度不同，社区纠纷可分为：社区危机性纠纷、社区日常性纠纷。

根据性质不同，社区纠纷可分为：家庭纠纷、邻里纠纷和其他性质纠纷。

按照纠纷对象不同，社区纠纷可分为：噪音纠纷、环境纠纷和其他类型纠纷。

2. 社区纠纷调解的原则

社区纠纷调解的原则如下。

根据法律、法规、规章和政策进行调解，法律、法规、规章和政策没有明确规定的，依据社会公德进行调解。

在双方当事人自愿平等的基础上进行调解。

尊重当事人的诉讼权利，不得因未调解或调解不成而阻止当事人向人民法院起诉。

二、社区纠纷的种类

要进行社区人民调解，必须要对社区纠纷的现状有全面了解。从近年来许多地区统计的资料来看，社区纠纷主要表现为：婚姻家庭纠纷，邻里纠纷，因住房问题引发的纠纷，伤害、损害赔偿纠纷，因环境污染引发的纠纷等。

1. 婚姻家庭变化方面的纠纷

新的历史时期，人们的价值观不断更新，婚姻家庭关系发生急剧变化。社会离婚率每年都在增加，引发大量诸如财产、子女抚养、家庭暴力、老人赡养等一系列家庭纠纷。

2. 邻里之间琐事争执方面纠纷

城市邻里间的纠纷有不少是由于住房狭窄、拥挤所引起的，如公共区域的使用问题、占路置物等问题引起的纠纷。另外，因为生活噪音、晾晒衣服、整修房屋、安装空调、饲养宠物等引发的纠纷也比较多见。

3. 因住房问题引发的纠纷

当前社区内因住房问题引发的纠纷多发生于房屋买卖、房屋继承、房屋产权确认、房屋租赁、房屋拆迁等过程中。

4. 伤害、损害赔偿方面的纠纷

在社区人与人之间的交往中，由于每个人文化素质、道德修养、生活习惯、职业特点的不同，常常会相互产生一些误解或争执，这些问题一旦得不到及时解决，就可能发展为伤害对方人身、损害对方财物的事件。这类事件一旦发生，又自然会引发双方之间要求索赔和拒绝赔付的争议，或者赔偿数量的争议。因此，伤害、损害赔偿纠纷实际上是由于旧的纠纷没有得到及时解决而转化来的纠纷。

5. 因环境污染引发的纠纷

由于社区人口的数量急剧增加，加上社区管理水平低下，使因社区环境污染导致的纠纷越来越多。这类纠纷常见的起因有建筑施工、家庭整修、工厂排污、交通噪声、生活垃圾倾倒等。

除上述情况外，社区纠纷的类型还有很多种。但在实践中，社区纠纷的种类仍然高度集中于邻里关系、家庭婚姻和住房问题上，这些纠纷完全可以通过社区调解以低成本的方式解决。

三、社区纠纷多元化解决机制

(一)多元化纠纷解决机制定义

多元化纠纷解决机制，是指一个在社会中多样的纠纷解决方式(包括诉讼与非诉讼两大类型)以其特定的功能相互协调、共同存在，构成的一种满足社会主体多种需求的程序体系和动态调整系统。

(二)多元纠纷解决机制的基本形态

1. 公力救济

公力救济是通过国家公权对遭受侵害的权利给予救济、解决纠纷的制度，包括一系列组织机构、程序和手段。其中，最基本的就是通过司法机关和司法程序来解决纠纷。此外，还包括通过行政机制来解决纠纷。

2. 私力救济

私力救济就是所谓的"私了"，指通过私人之间、共同内部和其他非公权力的社会力量实现个人权利、解决权益纠纷的非正式机制，包括合法与违法的私力救济。

3. 社会救济

社会救济是介于公力救济与私力救济之间的、国家容许并提倡的社会性纠纷解决方式，一般由社区组织、社会组织、中介机构主持，包括从司法、行政型到社会自治性型，以及公益性和营利性等不同类型。

(三)解决纠纷方式的多元化

1. 协商

又称谈判(交涉),是一种旨在相互说服的交流或对话过程。协商目的在于达成解决纠纷(或预防潜在纠纷)的协议。协商强调当事人之间的合意。

2. 调解

是协商的延伸。其特点是:中立的第三人作为调解人介入纠纷处理,但不做出决定,最终处分权由双方当事人掌握,属于以协商为基础的纠纷解决方式。调节包括法院附设调解、行政调解和社会调解等多种形式。调解人的作用会根据其身份而有所不同,有时仅仅为当事人提供协商场所和条件,有时则提供具体的解决方案供当事人参考。调解的定位也有从合意促成型到指导型(评价型)的分别。

3. 裁决

即由纠纷解决机构(或裁决者)做出判断和决定。在双方不能达成和解时,为了不使纠纷长久停留在悬而未决的状态,就需做出裁决。裁决方式主要应用于仲裁、行政仲裁和司法裁判(裁定和判决)。裁决者必须拥有做出裁决的权威和权限,其权限既可以是法定的(即法律赋予的职权,如法院的审判权和行政机关的裁决权),也可以是源自双方当事人的共同委托(如仲裁契约)。

(四)解决纠纷机制的要素

在纠纷解决时,规范和对规范的选择都是多元化的,但前提是不违反国家的禁止性规定。纠纷解决机制的要素如下表所示。

纠纷解决机制的要素

	公力救济(国家权力)	社会救济	私力救济
主体(机构)	司法机关	仲裁	协商和解
	行政机关(投诉信访)	各种制度化调解组织	其他民间途径
		行业性解决机制	
		消协等社会组织	
		市场化(营利性)服务机构	
规范	国家法	社会规范	
	法律、法规	乡规民约、公共道德	
	行政性法规	行业规范、标准、惯例	
	政策、司法解释	传统(地域性、民族性)习惯	
		市场经济条件下的新规则	
程序与手段	裁决程序	协商性程序	辅助手段
	仲裁	谈判协商、和解	保险
	行政裁决	民间调解	中介调查机构
	司法裁判	社会组织、行业协会调解	营利性机构
	司法审查	行政调解	鉴定
		司法调解	私人代理机构

四、调解阶段一般工作程序及操作过程

1. 登记受理

当事人口头或书面申请调解，陈述事情经过，提出主张，拿出可以支持主张的证据，人民调解员可以马上受理。在某种情况下，社区人民调解委员会也可以主动与当事人双方联系。

2. 事实调查

对当事人纠纷的基本事实要做必要的调查了解并认真做笔录，对当事人难以举证的环节，调解人员要做深入细致的调查。

3. 调查取证

一要查明纠纷真相，二要分清是非责任。要深入群众中调查，询问当事人和见证人，完成现场勘查和周围群众的调查核实工作。在本案例中，社区人民调解委员会对宾馆服务人员和群众进行走访、努力全面了解当天情况。

4. 约见协助

人民调解员约见告诉人，由被告诉人陈述事情经过，拿出反对告诉人主张的理由或证据。然后，人民调解员认真记录，仔细询问，搞清楚事实真相。这一过程人民调解员要注意的是：要向双方当事人耐心宣传法律政策，启发他们提高认识；说服教育和疏导工作要有针对性。

5. 制订方案

人民调解员仔细分析情况后制订了调解方案，并提交人民调解委员会讨论通过。在本案例中，人民调解员诚恳的态度、不辞辛劳的作风和扎实的法律知识赢得了双方的信赖。双方的要求之间的差距一步步缩小，最后达成调解协议并签订了协议书。

6. 应对失败

当调解失败时，人民调解员应单独做告诉人工作，努力让告诉人放低主张的要求；然后再次开协调会，如果再次失败，就再次单独做双方的思想工作。当然在实际操作过程中，行政力量的介入有时会提高调解成功率。

7. 制作调解协议书

纠纷双方达成共识后，人民调解员起草调解协议书，并要求告诉方与被告诉方签字或盖章。最后人民调解员签名并加盖"人民调解委员会"印章。

调解协议书的主要内容包括：调解时间、地点、人民调解员姓名、主要调解参与人姓名及身份等基本情况、纠纷双方当事人姓名及身份等基本情况、纠纷事实与争议焦点、调解理由、达成的具体协议事项、纠纷双方当事人签名或盖章、参与人签名或盖章、人民调解员签名或盖章。

8. 调解结案、归档并回访

为减少纠纷反复，巩固调解成果，调解人员对调处完毕的纠纷要及时进行回访，并作回访记录。

必备知识

我国的人民调解制度

人民调解，属于诉讼外调解的一种。是指在人民调解委员会主持下，以国家法律、法规、规章和社会公德规范为依据，对民间纠纷双方当事人进行调解、劝说，促使他们互相谅解、平等协商，自愿达成协议，消除纷争。人民调解委员会一般是在乡镇或街道办事处下设立的调解民间纠纷的群众性组织（也可在农村村民委员会、城市/社区居民委员会设立人民调解委员会；企业事业单位根据需要设立的人民调解委员会；根据需要设立的区域性、行业性的人民调解委员会），在基层人民政府和基层司法行政部门指导下开展工作。

《中华人民共和国人民调解法》已由中华人民共和国第十一届全国人民代表大会常务委员会第十六次会议于2010年8月28日通过，自2011年1月1日起施行。

人民调解工作原则

1. 必须严格遵守国家的法律、政策进行调解。

2. 必须在双方当事人自愿平等的前提下进行调解。

3. 必须在查明事实、分清是非的基础上进行调解。

4. 不得因未经调解或者调解不成而阻止当事人向人民法院起诉。经调解达成的协议具有法律效力。

人民调解的受理范围：人民调解委员会调解的民间纠纷，包括发生在公民与公民之间、公民与法人、其他社会组织之间涉及民事权利义务争议的各种纠纷。人民调解委员会不得受理调解下列纠纷：法律、法规规定只能由专门机关管辖处理的，或者法律、法规禁止采用民间调解方式解决的；人民法院、公安机关或者其他行政机关已经受理或者解决的。

调解形式是指调解人员在调解纠纷的过程中所采用的具体方式。常用的调解方式有：单独调解、共同调解、直接调解、间接调解、公开调解、非公开调解、联合调解等。

拓展训练

入夏以来，四海公寓小区东边的工地夜间施工，吵得人睡不好觉，家有老人、小孩的居民意见非常大，纷纷投诉。四海公寓小区的居民结构比较复杂，有回迁的居民、外地人，还有一些企事业单位的职工。如果这个小矛盾处理不好，很可能发生大纠纷。如何有效解决这类矛盾，成为社区工作者必须面对的问题。

问题思考：

如何运用社区纠纷多元解决机制帮助四海公寓的居民化解这个小矛盾？

推荐阅读

1. 陈洪涛编．社区社会工作者实务能力．北京：中央广播电视大学出版社，2014

2.瞿琨.社区调解法律制度：一个南方城市的社区纠纷、社区调解人与信任机制.
北京：中国法制出版社，2009

✓ 参考文献

1.王玉兰，唐忠新.社区管理实务，北京：北京大学出版社，2009

2.陈洪涛.社区社会工作者实务能力.北京：中央广播电视大学出版社，2014

3.贾征，刘化杰编.社区治安与综合治理.北京：中国社会出版社，2005

4.史柏年.社区治理.北京：中央广播电视大学出版社，2004

项目七 社区流动人口计划生育管理与服务

内容导航

随着城市化进程加快，市场机制日趋完善和成熟，大量农村剩余劳动力转移到城市。农村剩余劳动力在进城的过程中，一方面为城市提供了丰富的劳动力，同时也为流动人口的管理带来了难题。城市对流动人口的管理，对社区而言，主要是计划生育的管理与服务。

计划生育是我国的基本国策，对计划生育的管理与服务是基层社区一项重要的内容。社区在服务与管理的过程中，也面临许多比较棘手的问题。

对刚刚进入社区工作的社区工作者而言，计划生育的管理与服务是经常面对的几项难题之一。

任务一

了解流动人口与计划生育

学习目标

知识目标：1. 了解流动人口的政策变迁。
　　　　　2. 了解计划生育的政策变迁。
能力目标：了解流动人口和计划生育政策变迁阶段的特征。

工作任务描述

　　人口与计划生育工作是我国的一项基本国策，关系到政治稳定，经济发展，因此我社区对此项工作高度重视，近年来加大了工作力度。经街道计生办、计生委的正确指导下，在社区两委的大力支持下，今年围绕着街道下达的人口与计划生育目标任务，认真学习和实施《人口与计划生育法》，以人为本抓重点，规范管理，以宣传教育为主，大力开展计划生育优质服务，狠抓流动人口综合治理，紧紧围绕制订的计生工作奋斗目标和优质服务工作计划，牢固树立"国策"意识，把计划生育工作置于重要位置，踏实工作，扎实有效地开展了一系列富有成效的工作。我社区认真研究学习了街道下发的计划生育考核目标，明确了计划生育率100%、信息准确率100%、期内综合避孕措施落实率98%以上等三项责任目标。为进一步做好计划生育工作，切实加强计划生育工作力度，经社区两委决定，聘用10名妇女担任妇女组长，负责配合妇女主任有效开展计划生育工作，实行专人负责，入户调查，把计划生育工作做细、做精，不留问题，争取圆满完成目标。

　　问题思考：

　　人口计划生育工作主要遵循的有关法律法规是什么？

工作任务分解与实施

一、流动人口政策的变迁

　　我国第六次人口普查结果表明，2010年流动人口规模达到2.2亿，约占当年总人口的16.5%。据预测，2050年流动人口规模将进一步增至3.5亿左右。自改革开放以来，大规模城乡人口迁移流动已成为我国社会经济转型的重要内容。

　　在计划经济时期，由于受到户籍等相关制度的束缚，除了出于政治目的的大规模的强制性迁移(如大小三线建设和上山下乡运动)外,人口自由迁移流动的规模微乎其微。20世纪70年代末以来,随着农村改革和农村剩余劳动力的释放,以农村劳动力为主的乡镇人口迁移逐渐显山露水,并成为改革开放三十多年来最重要的社会经济现象之一。然而,农村劳动力的乡城迁移并非一帆风顺。回顾人口迁流政策的演变过程,政治经济学在决策过程中扮演重要角色,人口迁流政策的演变过程就是中央和地方、本地人口和外地人口相互博弈的过程。概言之,我们可以用一波三折来描述国内迁移政策的演变进程。

1.1949—1957年为自由迁徙期

政府为快速推进工业化,采取了让农村居民向城市自由迁移的政策,大量农村居民进入城市转为工人和城市居民。1954年的宪法曾明确规定"公民有居住和迁徙的自由"。

2.1958—1978年为严格控制期

由于前一阶段农村人口大量涌入城市,对城市发展产生严重冲击,城市食品供应出现短缺,因而政府不得不采取强硬措施,严格控制农村人口盲目流入城市。1958年中央政府颁布《户口登记条例》,明确规定农村人口不可以自由进城做买卖或找工作,也不能放弃土地。1964年8月,国务院批准了《公安部关于处理户口迁移的规定(草案)》,严格限制从农村迁往城市、集镇的人口,从而通过行政手段,人为阻断人口城乡流动。1975年宪法修订时,删除了"居民有居住和迁徙的自由"的条款。从20世纪50年代后期到20世纪80年代初期,农村人口迁移基本处于停滞状态。

3.1979年至今为稳步推进期

改革开放后,随着城乡经济体制改革的不断深入,一方面农村剩余劳动力逐渐显现,另一方面东部沿海地区快速发展导致劳动力需求扩张,城乡人口迁流的势能不断加大。在这样的背景下,政府开始逐渐放宽城乡流动的限制。不过,尽管民间对自由迁徙权的呼声此起彼伏,但由于种种现实制约,短期来看全面放开的可能性依然不大。

4.1979—1988年为管制松动期

1984年中央一号文件允许务工、经商、办服务业的农民自理口粮到集镇落户,即农民可以在自己解决生存问题的条件下进城务工。但相对而言,该时期城乡人口流动规模不大。

5.1989—1999年为疏堵调控期

由于农村人口大量流向城市,形成"民工潮",对交通设施和城市基础设施产生巨大冲击,同时,大量农民进入城市就业,造成城乡就业人口的直接竞争,加上经济出现短暂衰退,城市就业形势有所恶化,引发城市居民诸多不满情绪,促使各级政府不断出台调控措施。即便如此,城乡人口流动依然增速不减。政府调控政策只能做出调整,由初期的"堵"改为后期的"疏堵结合"。这意味着农村人口自由流入城市的权利得以为继,但受到各种就业限制。

6.2000年至今为逐步公平对待期

该阶段政府开始逐步清理和取消针对流动人口的流动和就业限制,积极维护流动人口权利,同时推进户籍制度改革和相关的社会福利制度改革。2006年3月,国务院办公厅发布《关于解决农民工问题的若干意见》,首次全面系统地提出解决流动人口问题的措施,为流动人口进城务工创造公平的社会环境。

二、计划生育政策的变迁

1. 计划生育政策变迁的历史

计划生育政策是中国人口政策的核心，中国的计划生育政策经历了反复探索和不断完善的发展过程。这个发展过程，大致可以分为四个阶段。

第一个阶段，从新中国建立到50年代后期，这是人口出生第一次高潮和节制生育呼声第一次起伏时期。

新中国成立以后，由于国内战争刚刚结束，人民需要休养生息。经济恢复时期和第一个五年计划时期，中国国民经济很快得到恢复和发展。经济迅速发展，刺激了生育率的上升，特别是处于小生产状态的、以手工劳动为主的农业生产发展需要增加劳动力，封建社会长期形成的多子多福的落后生育观又顽强地在生育上表现其作用，同时这一时期许多严重危害人民健康的疾病得到良好控制，人口死亡率特别是婴儿死亡率大幅度下降，这样人口的自然增长率迅猛上升。对于这种转变，当时缺乏正确的认识和研究，对社会主义人口规律就是人口不断迅速增长的片面观点，缺乏清醒的认识，甚至认为中国人口迅速增长是社会繁荣和生活改善的标志。因此，对人口的发展不仅没有及时采取有计划的控制政策，而且还采取了一系列直接间接鼓励盲目生育的行政、经济措施，如严格限制人工流产和禁止做绝育手术的规定，对子女多的职工实行经常性的困难补助等。

从1950年到1957年的八年间，全国共增加人口10500万，年平均递增率达22.4‰。每年约出生2000万人以上，人口出生率达30‰以上。这是新中国人口发展的第一个高潮期，也是中国计划生育政策的酝酿时期。

第二阶段，从20世纪50年代后期到20世纪60年代末期，这是计划生育被重新提起但随即遭受"文化大革命"动乱严重破坏的时期。

1959年到1961年，国民经济发生了严重困难，人口增长速度大幅度下降。1962年以后，随着国民经济状况的好转，人口出现了补偿性的生育高潮。1962年人口出生率达到37.01‰，1963年更高达43.37‰。人口这种盲目高速增长，再度引起国家的关注。

1964年7月，中国进行了第二次全国人口普查，普查结果是全国总人口达到69458万多人。人口基数的增大使国家进一步重视了计划生育工作，认为开展计划生育工作对有计划地进行经济建设，保障妇女儿童健康和适当安排群众生活，具有重要意义，是一件有关国计民生的大事。与此同时，国务院决定成立了国务院计划生育办公室，开始将计划生育工作纳入政府工作议程。1965年，中国共产党和人民政府提出一系列控制人口增长的政策和措施，如：提倡制造口服避孕药并免费发放，提高节育技术，卫生工作和计划生育工作相结合，加强计划生育工作的宣传教育和技术指导，计划生育与改善人民生活和合理安排劳动力一起抓，并提出人口增长目标。当时普遍宣传的口号："一个不少，两个正好，三个多了"。

计划生育工作刚刚开展起来，"文化大革命"动乱开始了。20世纪60年代，中国人口平均增长的速度很快，从1962年到1970年，全国人口年平均递增率达26‰，九年共净增加人口17000万，这是新中国第二个人口出生高潮期。

第三阶段，从70年代初到70年代末，这是计划生育政策取得显著成效时期。

1970年以后，周恩来克服重重困难，顶住"四人帮"的干扰和破坏，做了大量的工作，为中国计划生育工作打下了一定基础，人口出生率开始逐年下降。1971 年国务院批准了卫生部、商业部、燃化部《关于做好计划生育工作的报告》，提出：除人口稀少的少数民族地区和其他地区外，都要加强对这项工作的领导，深入开展宣传教育，把晚婚和计划生育变成城乡广大群众的自觉行动，力争在"四五"期间城市人口自然增长率降到 10‰左右，农村降到千分之十五以内。1973 年国务院成立了计划生育领导小组。在计划生育宣传教育上，提出了"晚、稀、少"的口号，逐步修改了一些不利于计划生育的政策和规定，制定了一些有利于控制人口增长的政策和法规，国家法律明确规定："国家提倡和推行计划生育"；调整和充实了各级计划生育工作组织，配备了专业干部，总结了历年来开展计划生育工作的经验，并在动乱中仍取得了一定的成果。人口出生率由 1966 年至 1970 年的年平均 34.4‰下降到 1971 年至 1978 年的 24.16‰。同期，女性平均初婚年龄由 20.11 岁上升到 21.56 岁。

第四阶段，1979 年以后，计划生育进入一个新阶段。

中国对于如何解决自己的人口问题，经过了三十年的正反两方面的实践和认识，直到中国共产党的十一届三中全会，才在总结经验教训的基础上，从中国的国情出发，进一步明确了计划生育政策的指导思想，并把计划生育提到国策的高度。就计划生育政策的理论基础来说，这一时期明确了两种生产的理论是马克思主义历史唯物主义的基本理论，是指导中国人口政策的理论基础，肯定和推行了"两种生产一起抓"的经验。

1979 年第五届全国人民代表大会第二次会议提出："鼓励一对夫妇只生育一个孩子"，1980 年中共中央提出：计划生育要采取立法的、行政的、经济的措施，鼓励只生育一个孩子。

1980 年 9 月，中共中央、国务院发表了《关于控制我国人口增长问题致全体共产党员、共青团员的公开信》，从思想上、理论上阐述了计划生育的迫切性和重要性。号召全体共产党员、共青团员和全体干部，带头实行计划生育，提倡一对夫妇只生育一个孩子。这表明了中国共产党和人民政府对控制中国人口增长，加速现代化建设的坚定决心。

1980 年 9 月，第五届全国人民代表大会第三次会议通过了新的《婚姻法》，第十二条规定"夫妻双方都有实行计划生育的义务"。还规定了青年的最低结婚年龄"男不得早于 22 周岁，女不得早于 20 周岁。晚婚晚育应予鼓励"。新婚姻法还对优生优育问题作了规定。

1982 年 12 月，五届全国人大五次会议通过的《中华人民共和国宪法》中规定"第二十五条　国家推行计划生育，使人口的增长同经济和社会发展计划相适应"。"第四十九条　婚姻、家庭、母亲和儿童受国家的保护。夫妻双方有实行计划生育的义务"。宪法中还规定：国务院和县级以上地方各级人民政府，依照法律规定的权限，领导和管理计划生育工作；提出"两种生产一起抓"。《国民经济和社会发展第六个五年计划（1981 至 1985）》中规定"严格控制人口的增长，妥善安排城镇劳动力的就业，在生产发展和劳动生产率提高的基础上，使城乡人民的物质和文化生活继续得到改善"。国家同时还提出，把计划生育纳入建设社会主义两个文明的内容，人口发展计划列入社会长远发展规划，并开展人口发展趋势预报工作。

各地本着计划生育工作服务于、服从于四化建设的需要，进行了完善计划生育政策的试点工作。关于"开小口子"，有如下几种情况：规定若干条可以生二胎；照顾独生子女户再生一个，间隔多年再安排生二胎；降低多胎率的同时开放二胎；按经济地理条件规定不同的生育政策要求；晚婚晚育加间隔；少数民族和华侨执行特殊的生育政策。实践证明，根据中共中央关于生育政策要缓和渐变的思想，从实际出发，做到既要有效地控制人口，又要密切党群关系，促进安定团结，合情合理，群众拥护。

从1979年到1985年，这七年人口出生率平均稳定在19‰左右，自然增长率稳定在12.5‰左右，总和生育率为2.3‰左右。如果按1970年中国妇女总和生育率水平来计算，从1971年到1985年共少生约2亿多个孩子，其中1979年以后占一半。中国生育率迅速下降这一事实已经被全世界公认，一个经济文化还不发达的社会主义国家，在不到一代人的时间内，生育率已经接近更替水平，这是举世公认的巨大成就。

2. 计划生育的新政策

2015年12月27日第十二届全国人民代表大会常务委员会第十八次会议决定对《中华人民共和国人口与计划生育法》做出了修改，计划生育新政策2016年1月1日起施行。计划生育新政策2016年相关规定如下。

国家提倡一对夫妻生育两个子女。符合法律、法规规定条件的，可以要求安排再生育子女。具体办法由省、自治区、直辖市人民代表大会或者其常务委员会规定。少数民族也要实行计划生育，具体办法由省、自治区、直辖市人民代表大会或者其常务委员会规定。夫妻双方户籍所在地的省、自治区、直辖市之间关于再生育子女的规定不一致的，按照有利于当事人的原则适用。

必须注意的是：二孩不等于二胎政策。此次政策调整的内容明确指出，允许一对夫妻生育两个孩子，也就是说，允许"二孩"而不是"二胎"，例如已经生育双胞胎的夫妻就不能再次生育。

此外，全面放开"二孩"不会造成出生率的猛增和人口数量的剧烈反弹。这是因为社会转型对生育起较大制约影响，从农业社会进入工业社会，生育率下降是个必然趋势。由于养育子女的成本大幅提升及生育观念的改变，人们生育意愿已大大降低，今后要制定扶持鼓励二孩的政策措施，立即废止社会抚养费征收。要加强对高龄育龄妇女相关生育知识的宣传和抓好高龄产妇医疗服务水平，加大对妇幼医疗人员和设备投入，提高对城乡幼儿园的投入力度。

拓展训练

小张和小李于2010年在深圳打工时认识，两人都属于外来务工人员，在恋爱两年后准备结婚，却遇到了很多问题。

问题思考：

根据有关流动人口的演变和计划生育政策的演变，评估小张和小李可能遇到的问题。

推荐阅读

傅鸿鹏. 城市流动人口公共卫生管理政策. 北京：北京大学医学出版社，2011

任务二

社区中的计划生育服务

学习目标

知识目标：1. 了解社区中计划生育服务内容

　　　　　2. 了解社区中流动人口与计划生育服务与管理内容。

能力目标：掌握新政后，社区中关于计划生育服务的变化。

工作任务描述

案例1：男青年唐某与女青年于某婚后连续生了3个女孩。唐某是独生子，为了不断"香火"，他便想让妻子再生一个男孩。当于某再次怀孕后，村妇女主任找到唐某，要他协助动员妻子去流产时，唐某却说："计划生育是女人的事，你别找我们'老爷们'。"而在背后却坚决阻止妻子流产，以达到超生的目的。

村妇女主任听后，拿出有关法律据理力争，《中华人民共和国宪法》第49条规定："婚姻、家庭、母亲和儿童受国家的保护。夫妻双方都有实行计划生育的义务。"婚姻法第22条也规定："夫妻双方都有实行计划生育的义务"。但是，长期以来，由于封建的养儿"传守接代"和"多子多福"等宗法思想的影响，严重地阻碍了计划生育政策的落实。特别是一些男同志，看到妻子生了女孩，就埋怨妻子断了他家"香火"，要么坚持再生，要么提出离婚。当向其宣传计划生育政策时，又不屑一顾地把责任推向女方。案例中的唐某就是这样的代表。生儿育女、计划生育，不只是丈夫或妻子个人的事，而是夫妻共同的责任。所以说，唐某所谓的"计划生育是女人的事"是非常错误的，是违反宪法精神的。

案例2：二孩新政策2015全面放开：2016年二孩出生均合法，全国人大常委会审议《人口与计划生育法修正案(草案)》。根据全面两孩政策的新形势，草案中规定，符合政策生育的夫妻可以获得延长生育假的奖励或者其他福利待遇。

新的计生法通过之后，生育二孩将得到鼓励，而且生育二孩的生育假也将延长。修正案草案修改了人口与计划生育法第十八条，明确全国统一实施全面两孩政策，提倡一对夫妻生育两个子女，地方可以结合实际对允许再生育子女的情形制定具体办法。

同时明确，夫妻双方户籍所在地的省、自治区、直辖市之间关于再生育子女的规定不一致的，按照有利于当事人的原则适用。"人口计生法修正案实施之日，就是'全面两孩'落地之时。"国家卫生计生委计划生育基层指导司司长杨文庄介绍，人口计生法修正案草案第十八条明确，提倡一对夫妻生育两个孩子。如果获得通过，修正案将于 2016 年 1 月 1 日起施行，这意味着，2016 年 1 月 1 日以后出生的二孩，都是合法的。

修正案草案规定，根据实施全面两孩政策的新形势，规定符合政策生育的夫妻可以获得延长生育假的奖励或者其他福利待遇。这一政策是为了因应"二孩政策"带来的生育假不足的问题。

问题思考：

案例1、案例2分别反映了我国计划生育政策的内容，根据案例总结出计划生育政策的变化。

工作任务分解与实施

一、社区计划生育服务内容

2013 年，为更好地坚持计划生育的基本国策，加强医疗卫生工作，深化医药卫生体制改革，优化配置医疗卫生和计划生育服务资源，提高出生人口素质和人民健康水平，国家将卫生部的职责、人口计生委的计划生育管理和服务职责整合，组建国家卫生和计划生育委员会。

2015 年 12 月 27 日第十二届全国人民代表大会常务委员会第十八次会议通过了修订后的《中华人民共和国人口与计划生育法》。

但对社区而言，无论是新部门的成立，或是新法的调整，社区在开展面向社区居民的计划生育服务，其核心内容没有发生太多改变，增加了关于"优生优育""健康生活"等理念的倡导。在实际工作开展过程中，育龄夫妇能够感受到，有关证明开立较于新法前，要便利一些。社区工作者在工作过程中，能够感受有关服务内容主、次出现了调整。

根据调整后卫计委的职能，以及调整后的《中华人民共和国人口与计划生育法》，以及基层社区的实际状况，我们可以看到当下，社区在开展计划生育服务时的主要内容：

一是进行社区育龄人口计划生育信息的统计工作。了解掌握社区人口信息，配合有关部门做好健康教育和居民健康情况调查。

二是专门为留守家庭、空巢家庭、失独家庭、贫困家庭、单亲家庭、特困计生家庭等特殊家庭提供亲情服务。

三是为青春期人群、新婚期人群、待孕人群以及育龄妇女提供教育、咨询、指导等舒心服务。

四是为居民及流动人口提供计划生育、药具发放、生育关怀、宣传培训、医疗保险等方面的"一站式"服务。

五是动态监测社区内育龄群众的婚、孕、育情况及计划生育发展动态。

六是协助做好社区居民和流动人口的计划生育服务工作。

七是配合相关部门做好社区适龄公民无偿献血的动员组织、艾滋病防治的宣传教育工作。

总结起来，服务的重点是核实人口信息、特扶家庭帮助、生育情况备案、优生优育服务、计生用品免费发放等。在基层社区，当前计生服务结合公共卫生宣传倡导，已经成为一个趋势。与此同时，必须指出的是虽然在中央层面，卫生部与计划生育委员会完成合并组建了卫生与计划生育委员会，并且有关职责发生了调整和改变，但是对于在基层社区，截至目前，两个部分的职责和功能依旧是彼此分开，并未连接。完全意义上的落实到基层，还需时日。

二、社区计生服务具体业务的开展

在基层社区，开展社区计生服务的岗位一般设在社区居民委员会，岗位名称是计生工作。在有些地区，我们把社区居民委员会内专门负责计生工作的社区工作人员，简称社区专干。

在新法调整后，因为有关权限的下放，各地相继出台有关条例，以适应新的计划生育法的贯彻。新法后，有关社区计生服务的具体业务。

具体业务主要包括以下内容。

1. 办理一孩《生育服务证》，也有的地区改称：办理一孩《生育登记服务单》。

2. 办理再生育一个子女《生育服务证》，也有的地区改称：办理再生育一个子女《生育登记服务单》。

3. 办理《独生子女父母光荣证》。

4. 办理农村部分计划生育家庭奖励扶助。

5. 办理《独生子女服务年老时一次性奖励》。

6. 办理《独生子女父母奖励费》。

7. 办理《独生子女伤残家庭特别扶助》。

8. 办理《独生子女家庭特别扶助》。

9. 办理《独生子女父母一次性经济帮助》。

10. 办理第 个子女随父入户通知单。

11. 办理第二个子女随父入户通知单。

12. 办理征收社会抚养费。

在有些城市街道社区，还可以为育龄夫妇提供母婴保健咨询、计划生育孕检、手术介绍信等服务。

在新法调整后，某些地区曾经需要居民亲自办理的准生证取消了，居民可以直接通过网络办理"生育登记"，以取代原先的准生证。这主要是适应法律的调整，同时便民利民，也减轻了社区工作人员现场办理的工作压力。

在这里需要特别指出的是：根据新法，国家提倡一对夫妻生育两个子女。符合法律、法规规定条件的，可以要求再生育子女。具体办法由省、自治区、直辖市人民代表大会或者其常务委员会规定。少数民族也要实行计划生育，具体办法由省、自治区、直辖市人民代表大会或者其常务委员会规定。夫妻双方户籍所在地的省、自治区、直辖市之间关于再生育子女的规定不一致的，按照有利于当事人的原则适用。换句话说，国家鼓励"二孩"生育，但是具体的规定安排，由地方决定。截至目前，可以看到各地新的计划生育条例出台，在服务流程上有差异，存在一定灵活性。这也是在实际工作中需要特别注意的。

三、社区计生服务的拓展

国家在对人口政策进行调整的同时，在基层社区就已经开始思考，如何提升生育服务的质量。过去的计划生育工作，主要是以为育龄妇女提供节育、避孕等手段，控制人口数量为主要目的，服务流程也与医院差不多。但随着社会发展，在控制人口数量的同时，提高出生人口的质量和素质、优化人口结构等问题，成为当务之急；人们对计划生育、生殖健康的需求也日趋增长。

2004年起，江苏省原人口和计划生育委员会与玛丽斯特普基金会合作，将原先设在社区的计划生育站（所）逐步改造为"非医院"化模式，并提出"世代服务"理念。

世代服务是创造的一个"为全面推进计划生育、生殖健康、家庭保健服务而创建的社会公益型服务机构"的服务品牌。以顾客（服务对象）为中心、非医院化、保护隐私、家庭式、全程服务，充分体现以人为本。其服务对象扩大到所有女性和亚健康人群；服务内容也由单纯的计划生育项目，扩展到生殖健康、家庭保健、青春期教育等。这一模式得到了国家卫计委的肯定。

江苏省世代服务从试点到全面推行、职能定位"六位一体"、目标全覆盖，成效卓著，极大地推动了优质服务机构体系建设和人口计生工作转型提质，具有一定的代表性与示范性。

任务解决

案例1中反映的计生内容主要强调的是男女平等，生育是男女双方的事。公民有生育的权利，也有依法实行计划生育的义务，夫妻双方在实行计划生育中负有共同的责任。案例2中反映的是计生政策对"二孩"政策放开的规定。从法律上看，"二孩"政策的落实主要是地方，因此各地差异较大。总的来说，夫妻双方生育"二孩"的愿望只要在法律允许范围内，就可以实现。

必备知识

中华人民共和国人口与计划生育法（节选）

（2001年12月29日第九届全国人民代表大会常务委员会第二十五次会议通过　根据2015年12月27日第十二届全国人民代表大会常务委员会第十八次会议《关于修改〈中华人民共和国人口与计划生育法〉的决定》修正）

第一章　总则

第一条　为了实现人口与经济、社会、资源、环境的协调发展，推行计划生育，维护公民的合法权益，促进家庭幸福、民族繁荣与社会进步，根据宪法，制定本法。

第二条　我国是人口众多的国家，实行计划生育是国家的基本国策。国家采取综合措施，控制人口数量，提高人口素质。国家依靠宣传教育、科学技术进步、综合服务、建立健全奖励和社会保障制度，开展人口与计划生育工作。

第三条　开展人口与计划生育工作，应当与增加妇女受教育和就业机会、增进妇女健康、提高妇女地位相结合。

第四条　各级人民政府及其工作人员在推行计划生育工作中应当严格依法行政，文明执法，不得侵犯公民的合法权益。计划生育行政部门及其工作人员依法执行公务受法律保护。

第五条　国务院领导全国的人口与计划生育工作。地方各级人民政府领导本行政区域内的人口与计划生育工作。

第六条　国务院计划生育行政部门负责全国计划生育工作和与计划生育有关的人口工作。县级以上地方各级人民政府计划生育行政部门负责本行政区域内的计划生育工作和与计划生育有关的人口工作。县级以上各级人民政府其他有关部门在各自的职责范围内，负责有关的人口与计划生育工作。

第七条　工会、共产主义青年团、妇女联合会及计划生育协会等社会团体、企业事业组织和公民应当协助人民政府开展人口与计划生育工作。

第八条　国家对在人口与计划生育工作中做出显著成绩的组织和个人，给予奖励。

第二章　人口发展规划的制定与实施

第九条　国务院编制人口发展规划，并将其纳入国民经济和社会发展计划。县级以上地方各级人民政府根据全国人口发展规划以及上一级人民政府人口发展规划，结合当地实际情况编制本行政区域的人口发展规划，并将其纳入国民经济和社会发展计划。

第十条　县级以上各级人民政府根据人口发展规划，制定人口与计划生育实施方案并组织实施。县级以上各级人民政府计划生育行政部门负责实施人口与计划生育实施方案的日常工作。乡、民族乡、镇的人民政府和城市街道办事处负责本管辖区域内的人口与计划生育工作，贯彻落实人口与计划生育实施方案。

第十一条　人口与计划生育实施方案应当规定控制人口数量，加强母婴保健，提高人口素质的措施。

第十二条　村民委员会、居民委员会应当依法做好计划生育工作。机关、部队、社会团体、企业事业组织应当做好本单位的计划生育工作。

第十三条　计划生育、教育、科技、文化、卫生、民政、新闻出版、广播电视等部门应当组织开展人口与计划生育宣传教育。大众传媒负有开展人口与计划生育的社会公益性宣传的义务。学校应当在学生中，以符合受教育者特征的适当方式，有计划地开展生理卫生教育、青春期教育或者性健康教育。

第十四条　流动人口的计划生育工作由其户籍所在地和现居住地的人民政府共同负责管理，以现居住地为主。

第十五条　国家根据国民经济和社会发展状况逐步提高人口与计划生育经费投入的总体水平。各级人民政府应当保障人口与计划生育工作必要的经费。各级人民政府应当对贫困地区、少数民族地区开展人口与计划生育工作给予重点扶持。国家鼓励社会团体、企业事业组织和个人为人口与计划生育工作提供捐助。任何单位和个人不得截留、克扣、挪用人口与计划生育工作费用。

第十六条 国家鼓励开展人口与计划生育领域的科学研究和对外交流与合作。

第三章 生育调节

第十七条 公民有生育的权利，也有依法实行计划生育的义务，夫妻双方在实行计划生育中负有共同的责任。

第十八条 国家提倡一对夫妻生育两个子女。符合法律、法规规定条件的，可以要求安排再生育子女。具体办法由省、自治区、直辖市人民代表大会或者其常务委员会规定。少数民族也要实行计划生育，具体办法由省、自治区、直辖市人民代表大会或者其常务委员会规定。夫妻双方户籍所在地的省、自治区、直辖市之间关于再生育子女的规定不一致的，按照有利于当事人的原则适用。

第十九条 实行计划生育，以避孕为主。国家创造条件，保障公民知情选择安全、有效、适宜的避孕节育措施。实施避孕节育手术，应当保证受术者的安全。

第二十条 育龄夫妻自主选择计划生育避孕节育措施，预防和减少非意愿妊娠。

第二十一条 实行计划生育的育龄夫妻免费享受国家规定的基本项目的计划生育技术服务。前款规定所需经费，按照国家有关规定列入财政预算或者由社会保险予以保障。

第二十二条 禁止歧视、虐待生育女婴的妇女和不育的妇女。禁止歧视、虐待、遗弃女婴。

第五章 计划生育技术服务

第三十条 国家建立婚前保健、孕产期保健制度，防止或者减少出生缺陷，提高出生婴儿健康水平。

第三十一条 各级人民政府应当采取措施，保障公民享有计划生育技术服务，提高公民的生殖健康水平。

第三十四条 计划生育技术服务人员应当指导实行计划生育的公民选择安全、有效、适宜的避孕措施。对已生育子女的夫妻，提倡选择长效避孕措施。国家鼓励计划生育新技术、新药具的研究、应用和推广。

第三十五条 严禁利用超声技术和其他技术手段进行非医学需要的胎儿性别鉴定；严禁非医学需要的选择性别的人工终止妊娠。

第六章 法律责任

第三十六条 违反本法规定，有下列行为之一的，由计划生育行政部门或者卫生行政部门依据职权责令改正，给予警告，没收违法所得；违法所得一万元以上的，处违法所得二倍以上六倍以下的罚款；没有违法所得或者违法所得不足一万元的，处一万元以上三万元以下的罚款；情节严重的，由原发证机关吊销执业证书；构成犯罪的，依法追究刑事责任：

(一)非法为他人施行计划生育手术的；

(二)利用超声技术和其他技术手段为他人进行非医学需要的胎儿性别鉴定或者选择性别的人工终止妊娠的；

(三)进行假医学鉴定、出具假计划生育证明的。

第三十七条 伪造、变造、买卖计划生育证明，由计划生育行政部门没收违法所得，违法所得五千元以上的，处违法所得二倍以上十倍以下的罚款；没有违法所得或者违法所得不足五千元的，处五千元以上二万元以下的罚款；构成犯罪的，依法追究刑事责任。

以不正当手段取得计划生育证明的，由计划生育行政部门取消其计划生育证明；出具证明的单位有过错的，对直接负责的主管人员和其他直接责任人员依法给予行政处分。

推荐阅读

梁中堂. 中国计划生育政策史记. 北京：中国发展出版社，2014

项目八　把握社区救助的内容

内容导航

　　社区救助是社会救助的一部分内容。社区救助不能脱离社会救助这个大的框架。社会救助的主体是必须下沉到社区中去完成。在社区这个层面，社区救助的主要内容包含针对低保户的低保救助和针对特殊人群的临时救助。就临时救助而言，主要是针对社区中的弱势群体。

任务一

掌握低保救助的内容和程序

学习目标

知识目标：1. 了解低保救助的概念。
　　　　　2. 掌握低保救助在社区中的流程。
能力目标：能够准确评估低保户，并按照流程给予救助。

工作任务描述

合肥市庐阳区创新机制，打造低保动态管理新模式，让困难群众真正得实惠。近日，国家民政部、财政部组织 2014 年度最低生活保障工作绩效评价，合肥市庐阳区作为城区代表接受考评，助力安徽省在此次考评中荣获第一名。

近年来，庐阳区从群众诉求出发，想方设法推敲细节、摸索办法，推出了信息上网、听证会媒体监督、拍摄微电影宣传政策、封闭专户资金专管等创新举措，让低保工作真正做到百姓的心坎上。

怎样让低保金"保对人"？阳光听证动态管理真正透明。

"在我最困难的时候，是政府伸出援助之手。今年，我的一个孩子大学毕业后就业了，家里条件也开始好转，我想退出低保，让政府把钱给更需要的人。"庐阳区林店街道天河社区居民范开云在退出低保的申请书上写道。

范开云一个人带着两个小孩，一直靠打零工生活。从 2007 年 2 月起，她享受城市低保待遇。在该区今年开展的低保年审中，她主动向社区递交了退出低保待遇的申请书，退出低保意味着她每年将少了近万元的低保金、春节慰问金、水电补贴等。"今年，在庐阳区有 26 人主动向乡镇（街道）提出退保申请。"庐阳区民政局局长关任伟介绍。为了鼓励低保户就业，将低保金给更需要的人，该区低保管理中心对主动就业而退保的家庭，按《合肥市城乡低保操作规程》一律给予缓退三个月低保金的奖励。

如何让真正需要的人"吃"到低保，将民生工程实实在在地做成民心工程？庐阳区摸索在动态管理过程中增加工作透明度的办法。"群众的疑虑和不信任被打消，在积极的情绪中，他们成为推动低保工作的力量"，关任伟说。

问题思考：

任务中，低保户是如何认定的，如何才能让真的低保户享受低保？

工作任务分解与实施

一、城市最低生活保障制度的建立

我国的低保制度是在原有的对我国居民实施困难救助制度的基础上，随着我国经济社会的发展逐步确立起来的。20 世纪末，我国出台了《城市居民最低生活保障条例》，对低保对象的确立、申办程序、申请条件、资金来源、办理流程、退出机制等做出了详细的规定，我国城市低保制度由此正式确立。中共十六大以后，城市低保制度建设步伐显著加快，各地都制订了相关的低保政策和法规。到 2003 年，城市低保制度在全国基本建立，城市居民最低生活保障制度已覆盖 2200 多万人，共支出低保资金 150 余亿元，且基本上做到了应保尽保。不仅如此，我国的城市低保制度还进入更加完善的转型期，实现了一系列的转变：从生活救助向综合救助的转变，从平均主义救助向分类救助的转变，从普遍型救助向选择型救助的转变，从维持型救助向发展型救助的转变，从不太规范的救助向比较规范的救助的转变。

在实施"分类救助"方面，主要是对"三无"人员、重病重残人员、在读中小学生、优抚对象、70 岁以上的贫困老人等几类特殊低保对象，采取上调一定比例低保金的做法，从而使他们的基本生活得到一定程度的改善。调查表明，2007 年，享受分类救助的家庭占低保家庭总数的 80％以上。针对相当一部分实际生活存在巨大困难但又达不到当地低保补助标准的边缘家庭，有的地方还出台了相应政策，对家庭人均收入高于当地保障标准但低于 1.5 倍的家庭，实行对患重大疾病人员特殊生活保障的救助政策。

城市低保制度建立后，全国各地还根据经济发展水平、物价上涨幅度等因素，对低保标准进行适时的调整，以确保低保户的基本生活保障不因物价因素而受到大的影响。例如徐州市自从 1997 年建立城市低保制度后，到 2010 年，连续 10 次提高保障标准，从最初的 283 元提高到 320 元。从 2010 年 7 月 1 日起，徐州市又将纳入低保的残疾人、单身人员和 70 岁以上的老年人保障标准，由每人每月 340 元相应提高到 384 元，纳入低保的困难企业军转干部本人的保障标准由每人每月 425 元提高到 480 元。

2010 年，国家有关部委联合发出通知，要求在全国范围内尽快建立健全社会救助和保障标准与物价上涨挂钩的联动机制，及时发放价格临时补贴，提高城乡低保标准和补助水平，确保城乡困难群众基本生活不因物价上涨而受到影响。2011 年，财政部和民政部再次发出通知，增加对低保对象的补助。通知称，中央财政对享受中央补助地区的城市低保对象按每人每月 15 元增加补助，农村低保对象按每人每月 12 元增加补助，7 月 1 日起按月发放城乡低保资金，确保城乡低保家庭及时领到当月的低保金。除了正常的低保金发放外，中央和各级政府还根据我国国情，在重大传统节日如春节前，对低保对象采取发放临时补贴、进行节前慰问等方式，解决低收入家庭的实际问题。

我国城乡低保制度基本建立后，各级政府部门还加强了对低保对象的动态管理，建立起低保的正常进入和退出机制，以确保应保者尽保，不应保者退保。不仅如此，各地还建立起促进低保对象的再就业机制，加大了对低保对象中有劳动能力者的再就业培训力度，对低保家庭中就读子女的照顾也在不断强化。有调查表明，低保户中有 75.4％的接受过政府提供的就业培训。这种"救助渐退"的政策，有力促进了有劳动能力的低保对象通过再就业，劳动致富，退出低保。到 2007 年，全国大部分省份都出台了关于促进有劳动能力的低保对象再就业、实施低保制度与再就业制度联动或衔接的相关措施。这些措施对低保对象再就业起了极大的促进作用。以上海市为例，到 2005 年 6 月底，该市有 15 个区县连续 12 个月低保退出人数大于进入人数，2005 年 6 月底全市城镇领取政府救济的人数较 2004 年 12 月底净减少 2.53 万人。

最低生活保障是指国家对家庭人均收入低于当地政府公告的最低生活标准的人口给予一定现金资助，以保证该家庭成员基本生活所需的社会保障制度。最低生活保障线也即贫困线。对达到贫困线的人口给予相应补助以保证其基本生活的做法。

二、低保救助的流程

根据劳动和社会保障部、民政部、财政部发布的《关于做好国有企业下岗职工基本生活保障和城市居民最低生活保障制度衔接工作通知》（劳社部发〔1999〕13 号）的规定，下岗职工、失业人员、企业离退休人员和在职职工，在领取基本生活费、失业保险金、养老金、职工工资期间，家庭人均收入低于当地最低生活保障标准的，可以申请城市居民最低生活保障金。各地劳动保障部门要定期将本地国有企业下岗职工基本生活费、失业保险金、离退休人员养老金发放情况通报同级民政部门。民政部门要将本地职工家庭享受城市居民最低生活保障情况，以及因未按时足额领取工资（最低工资）、基本生活费、失业保险金或养老金而造成家庭人均收入低于当地城市居民最低生活保障标准的情况，及时反馈给劳动和社会保障部以及财政。

申请对象

下列三类人员可以申请城市居民最低生活保障金：

1. 无生活来源、无劳动能力、无法定赡养人或抚养人的居民；

2. 领取失业救济金期间或失业救济期满仍未能重新就业，家庭人均收入低于最低生活保障标准的居民；

3. 在职人员和下岗人员在领取工资或最低工资、基本生活费后以及退休人员领取退休金后，其家庭人均收入仍低于最低生活保障标准的居民。

最低生活保障申请办法

要以户为单位，持户口本、居民身份证和收入证明等，向户口所在地的居（村）委会提出书面申请。对于人户分离的申请人员，由申请人现居住地的居（村）委会协助做好调查取证工作，并将有关证明提供给申请人户口所在地的居（村）委会。申请低保家庭成员户口不在同一地区，要向其家庭主体户口所在地区居。

最低生活保障申请流程

按照国务院发布的《城市居民最低生活保障条例》，持有非农业户口的城市居民，凡共同生活的家庭成员人均收入低于当地城市居民最低生活保障标准的，均有权从当地人民政府获得基本生活物质帮助的权利。申请享受城市居民最低生活保障待遇，由户主向户籍所在地的街道办事处或者镇人民政府提出书面申请，并出具有关证明，填写《城市居民最低生活保障待遇审批表》，由城市居民所在地的街道办事处或镇人民政府初审，并将有关材料和初审意见报送县级人民政府民政部门审批。同时，作为社区工作者一定要按照规定和流程上门入户进行核查。

三、任务解决

低保户的认定工作一定要符合有关规定和流程。社工必须严格遵循上门入户核查的规定。以确保服务对象需求的有效性。

必备知识

农村最低生活保障制度

农村最低生活保障制度是针对农村生活困难群众建立的，其出发点就是要把所有由于各种原因而不能保障基本生活的农村居民全都覆盖，使他们能够得到维持基本生活所需的费用。如果一个农村家庭的收入水平达不到维持基本生活的标准，就要采用补差的方法，对该家庭进行补助，以确保其能够维持基本生活。这就是做到应保尽保的基本含义，也是对各地所建立的农村最低生活保障制度的基本要求。各地在完善农村最低生活保障制度过程中，必须努力做到这一点。

目前我国农村最低生活保障制度是按照广覆盖、保基本的原则建立的。从各地的实践看，大多数地区都采用我国农村绝对贫困线作为农村最低生活保障标准。应该说这样的做法是符合农村最低生活保障制度基本属性的，因为我国农村绝对贫困线的设置就是以能否解决生活温饱为标准的。从各地实践的效果看，采用这样的标准，政策指向清晰，操作简便易行，群众反映良好。但是，随着各地经济发展水平的不断提高和财政实力的不断增强，必须不断提高当地农村最低生活的保障标准和补助水平，以便使更多的农村生活困难群众享受低保。这既是贯彻落实科学发展观、构建社会主义和谐社会的必然要求，也是做到发展为了人民、发展依靠人民、发展成果由人民共享的有效举措。特别是一些经济较发达地区，更应该根据当地经济发展水平和财政承受能力，确定较高的合适的农村最低生活保障标准，以确保当地生活较困难的农民群众能够较多地享受到经济社会发展成果。

当前，中国农村低保制度的发展态势，大致相当于城市低保制度1997年下半年的情形，如果没有外力推动则可能进展缓慢的关键时刻。要使此项制度有一个实质性突破，中央政府应扮演更为积极的角色。最低生活保障事关困难群众衣食冷暖，事关社会和谐稳定和公平正义，是贯彻落实科学发展观的重要举措，是维护困难群众基本生活权益的基础性制度安排。随着各项相关配套政策的陆续出台，最低生活保障制度在惠民生、解民忧、保稳定、促和谐等方面做出了突出贡献，有效保障了困难群众的基本生活。但一些地区还不同程度存在对最低生活保障工作重视不够、责任不落实、管理不规范、监管不到位、工作保障不力、工作机制不健全等问题。为切实加强和改进最低生活保障工作，2012年9月26日国务院发布的《国务院关于进一步加强和改进最低生活保障工作的意见》（以下简称《意见》）强调，要把保障困难群众基本生活放到更加突出的位置，落实政府责任，加大政府投入，加强部门协作，强化监督问责，确保把所有符合条件的困难群众全部纳入最低生活保障范围。《意见》要求，要加快推进低收入家庭认定工作，全面建立临时救助制度；有效解决低收入群众的突发性、临时性基本生活困难；做好最低生活保障与养老、医疗等社会保险制度的衔接工作。

拓展训练

某小区是 20 世纪 90 年代建成的。由于历史原因，小区内的贫困户比较多。1500 户居民中有近三分之一为下岗失业人员。社会生活水平在提高，下岗失业人员的生活水平却日益下降。根据能保则保，尽保则保的原则，结合入户上门情况的反馈，有一半以上的家庭可以进低保，但依然有部分家庭不能享受低保政策和待遇。

问题思考：

从专业视角，如何设计服务方案，以服务这些未能进入低保救助范围的贫困家庭。

推荐阅读

孙光德，董克用. 社会保障概论. 北京：中国人民大学出版社，2012

任务二

熟悉社区临时救助流程

学习目标

知识目标：1. 理解社区临时救助的内容。

2. 把握临时救助的流程。

能力目标：能够把握有效的临时救助对象的基本特征和救助流程。

工作任务描述

为认真做好困难群众临时救助工作，保障困难群众基本生活，朝阳社区利用LED 显示屏、社区 QQ 群、公开栏等平台，广泛宣传临时救助政策。并做好来访居民登记工作，对符合条件的人员和不符合条件的人员都认真接待解释，同时收取相关的材料。

11 月 24 日，社区工作人员根据社区居民递交的困难申请书，对申请家庭进行了入户调查。了解困难群众的生活现状，认真审查申报家庭的户口本、身份证、低保证、人口数量和家庭收入等信息情况，确保申请救助对象的情况真实可靠。李东转老人今年 64 岁，老两口靠微薄的退休金维持生活，10 月 6 日老人因摔了一跤造成腰椎体爆裂性骨折，入院治疗花费较大。老人听说社区要给她办临时救助，激动地说："太谢谢你们了，每当我们有什么困难时，社区总是第一时间伸出援手，解我们燃眉之急。"

主任握着老人的手说："这是我们应该做的，希望通过我们的努力，此项民生工程全面落实到每个可享受的居民身上。"

问题思考：

1. 任务中的临时救助属于哪个临时救助？

2. 临时救助是政策性质的吗？

工作任务分解与实施

一、临时救助的内容

什么是临时救助？

临时救助是指由政府通过财政资金的安排以及社会赞助、居民捐助、有奖募捐等渠道建立临时救助基金，依法对因患重病、子女就学、遭遇突发性意外灾害等造成家庭生活特殊困难的公民给予适当的款物援助。

临时救助的范围是什么？

1. 子女就学困难的；

2. 因患病或遭遇突发性意外灾害等特殊原因造成家庭生活严重困难的；

3. 因家庭生活困难换季需要救助的；

4. 重大节日需要救助的；

5. 因其他原因造成生活困难的。大面积自然灾害需要救济的灾民不适用本办法，直接由当地人民政府制定救济方案，组织开展救灾工作。

临时救助的原则是什么？

临时救助实行救济措施配套原则。临时救助要与再就业、生产自救、社会互助和扶贫帮困行动相结合。区、县(市)民政部门以及街道办事处或乡镇人民政府可以通过技能培训、职业介绍等形式，促使其自助自立，以改善生活状况。

临时救助实行救济渠道统一原则。临时救助实行属地化管理，由企业、慈善机构等开展的救助，均应通过社区委员会或村民委员会统一调查认定后组织实施。临时救助对象按最低生活保障对象相关规定分类管理，依据救助对象就业情况和家庭收入变化情况，及时办理停发、减发或增发救助待遇手续。

临时救助坚持公开、公平、公正的原则。要坚持做到救助对象、条件、标准三公开，充分发扬民主，广泛听取意见，接受群众监督。

二、临时救助的流程

(一)救助对象

1. 在最低生活保障和其他专项社会救助制度覆盖范围之外，由于突发事件造成基本生活出现暂时困难的低收入家庭，重点是低保边缘家庭；

2. 虽然已纳入最低生活保障和其他专项救助制度覆盖范围，但由于突发事件造成生活暂时出现较大困难的家庭；

3. 区人民政府认定的其他需要救助的城市困难家庭。

(二)救助范围

1. 因患危重疾病，在扣除各种医疗保险、医疗救助和社会帮困救助资金后，直接导致家庭基本生活难以维持的；

2. 因遭遇车祸、溺水、矿难等人身意外伤害，在扣除各种赔偿、保险、救助等资金后，导致家庭基本生活难以维持的；

3. 因火灾等突发性意外事件，造成家庭财产重大损失，导致家庭基本生活难以维持的；

4. 高中阶段贫困家庭经各种救助措施帮扶后，仍无力支付教育费用，或被国家认可的全日制院校正式录取的应届大学生，家庭无力支付入学报到费用的；

5. 经其他救助措施帮扶后，家庭基本生活仍难以维持的城市低收入家庭。

（三）救助标准

临时救助标准最高不超过 6000 元。符合救助条件的家庭，原则上一年同一事由申请临时救助的次数不得超过两次。

（四）办理流程

1. 申请：救助范围内的申请人以家庭为单位，由户主或受委托的家庭成员、社区居委会，向居住地街道办事处提出书面申请，并提供下列材料：书面申请；家庭成员居民身份证、暂住证（居住证）、户口簿（户籍证明）；家庭成员收入证明；重、大病，突发事件等相关票据、照片证明材料；区民政部门规定的其他证明材料。

2. 入户调查、公示、评议：街道办事处接到临时救助申请后，会同社区居委会通过入户调查、邻里走访，组织评议小组对申请家庭进行评议。符合救助条件的，对申请家庭的情况及申请事由进行公示；不符合救助条件的通知申请人，并告知理由。

3. 审核：公示期满无异议后，街道办事处签署意见并将材料报区民政局审批。

4. 审批：区民政局根据上报资料进行审核批复，确定救助金额。

5. 救助金发放：区民政局通过街道办事处对符合救助条件的对象发放救助资金，申请人持相关证件到街道办事处领取，如属"三无"人员、重病、残疾等情况本人无法领取的，可委托亲属或社区干部持相关证件代为领取。

三、任务解决

任务中的临时救助属于因患病或遭遇突发性意外灾害等特殊原因造成家庭生活严重困难的。临时救助属于政策性质的救助，属于社会政策范畴。

必备知识

不属于临时救助范围的内容

1. 属人为事故，已得到责任人足额赔偿或保险公司足额赔偿的；

2. 有劳动能力而不耕种，致使土地抛荒造成家庭生活困难的农村居民，以及在就业年龄内，有劳动能力，经就业服务机构介绍就业无正当理由拒绝就业造成家庭生活困难的城市居民；

3. 法定赡（扶、抚）养人未按规定履行义务的，但穷尽法律救济手段，被赡（扶、抚）养仍出现暂时困难的除外；

4. 因打架斗殴、赌博、吸毒、嫖娼等违法犯罪行为造成贫困的；

5. 其他按规定不应列入临时救助范围的。

拓展训练

某社区服务中心开展了面向全体居民的临时救助相关政策说明会。其间，有一位居民提出，自己家中两个小孩为脑瘫，老婆近期卧病在床。自己又要照料小孩，又要照料老婆，非常辛苦。在听了说明会后，觉得自己可以申请临时救助。

问题思考：

该居民可以申请临时救助吗？如果可以，那么申请临时救助的内容是什么？如果不可以，请说明理由。

✓ 参考文献

1. 李小尉．新中国建立初期的社会救助研究．北京，社会科学文献出版社，2012
2. 韩克庆．社会福利与社会救助案例．北京，中国劳动社会保障出版社，2009
3. 方鹏骞．中国农村贫困人口社会医疗救助制度研究．北京，科学出版社，2008